Dr. Heidemarie Borgwadt

Differentialrechnung

Ursprünglich erschienen bei Betriebswirtschaftlicher Verlag Dr . Th. Gabler GmbH, Wiesbaden 1994.
Lektorat: Annegret Dorn
Satz: SATZPUNKT Ursula Ewert, Braunschweig

ISBN 978-3-409-92198-5 ISBN 978-3-663-13499-2 (eBook)
DOI 10.1007/978-3-663-13499-2

Die Deutsche Bibliothek – CIP-Einheitsaufnahme

Borgwadt, Heidemarie:
Differentialrechnung / Dr. Heidemarie Borgwadt. – Wiesbaden: Gabler, 1994
(Gabler-Studientexte: Staatlich geprüfter Betriebswirt)
ISBN 978-3-409-92198-5

Hausarbeit des Studientextes Borgwadt, Differentialrechnung (100 Punkte)

92198 MK

So kennzeichnen Sie bitte Ihre Lösungen

1. Gegeben ist die Funktion $f: x \rightarrow f(x) = 3x^2 - 2x + 4$

   Ermitteln Sie die Differenzenquotientenfunktion d_a von f. Untersuchen Sie die Funktion auf Differenzierbarkeit an einer beliebigen Stelle a ihrer Definitionsmenge. Geben Sie gegebenenfalls die erste Ableitung der Funktion an einer Stelle a an. (10 Punkte)

2. Gegeben ist die Funktion $f: x \rightarrow f(x) = \begin{cases} x^2 - 3 & \text{für } x \leq 2 \\ 4x - 7 & \text{für } 2 < x \end{cases}$

   Ermitteln Sie die Differenzenquotientenfunktion d_a von f an der Stelle a = 2. Zeichnen Sie den Graph der Differenzenquotientenfunktion.

   Untersuchen Sie die Funktion f auf Differenzierbarkeit an der Stelle a = 2. Geben Sie die erste Ableitung von f an der Stelle a = 2 gegebenenfalls an. (10 Punkte)

3. Gegeben ist die Funktion $f: x \rightarrow f(x) = \begin{cases} 2x + 4 & \text{für } -1 \leq x \\ x^2 + 1 & \text{für } x < -1 \end{cases}$

   Ermitteln Sie die Differenzenquotientenfunktion d_a von f an der Stelle a = –1. Zeichnen Sie den Graph der Differenzenquotientenfunktion. Entscheiden Sie, ob die Funktion f an der Stelle a = –1 differenzierbar ist. Geben Sie gegebenenfalls die erste Ableitung von f an der Stelle a = –1 an. (10 Punkte)

4. Gegeben sind die Funktionen

   $f: x \rightarrow 3x^4 - 2x^3$, $g: x \rightarrow \frac{1}{x}$ (für $x \neq 0$) und $h: x \rightarrow \sqrt{x-2}$ (für $x \geq 2$)

   Ermitteln Sie die Bildungsvorschriften der Funktionen $f + g$, $f * h$, $\frac{f}{h}$ und $h \circ f$ sowie der zugehörigen Ableitungsfunktionen. (10 Punkte)

5. In einem Unternehmen wird ein bestimmtes Erzeugnis produziert. In Abhängigkeit von den hergestellten Erzeugniseinheiten entstehen Kosten. Untersuchungen haben ergeben, daß für die Kostenfunktion K die folgende Zuordnungsvorschrift erfüllt ist:

   $K: x \rightarrow K(x) = \frac{1}{6}x^3 - 3x^2 + 18x + 60$ für $x \geq 0$ x in EE und K(x) in DM

   a) Ermitteln Sie die Zuordnungsvorschrift der Grenzkostenfunktion.

   b) Berechnen Sie die Grenzkosten bei einer Ausbringung von a = 6 (in EE) und a = 12 (in EE). Geben Sie eine betriebswirtschaftliche Interpretation der Ergebnisse.

   c) Ermitteln Sie die zu der Funktion K gehörige Funktion k der durchschnittlichen Kosten und die Funktion k_{var} der durchschnittlichen variablen Kosten.

   d) Berechnen Sie die kurzfristige Preisuntergrenze. Schätzen Sie die langfristige Preisuntergrenze mit einer Genauigkeit von einer Stelle nach dem Komma. (30 Punkte)

(Bitte wenden)

6. Das in Aufgabe 5 untersuchte Unternehmen legte für eine Erzeugniseinheit einen konstanten Preis $p = 20$ DM/EE fest. Bei diesem Preis herrscht ein Gleichgewicht von Angebot und Nachfrage.

a) Ermitteln Sie die Zuordnungsvorschrift der Erlösfunktion.

b) Die Gewinnfunktion besitzt somit die folgende Zuordnungsvorschrift:

$$G: x \to G(x) = E(x) - K(x) = -\frac{1}{6}x^3 + 3x^2 + 2x - 60$$

Bei welcher Ausbringung ist der Gewinn maximal? Geben Sie den maximalen Gewinn an.

c) Bestimmen Sie näherungsweise die Ausbringungen, für die der Gewinn gleich Null ist.

d) Bestimmen Sie das Monotonieverhalten der Kostenfunktion K. Untersuchen Sie die Kostenfunktion K und die Gewinnfunktion G auf die Existenz von Wendepunkten. Geben Sie diese gegebenenfalls an.

e) Skizzieren Sie die Graphen der Kosten-, der Erlös- und der Gewinnfunktion.

(30 Punkte)

Inhaltsverzeichnis

Verzeichnis der Rechenoperationen und Symbole

$+$	:	Addition, gelesen „plus"
$-$	:	Subtraktion, gelesen „minus"
$*$	:	Multiplikation, gelesen „mal"
$:$	:	Division, gelesen „durch"
$\sqrt{\ }$	:	Radizieren mit dem Wurzelexponenten 2, gelesen: „Quadratwurzel aus", „Wurzel aus"
$\sqrt[n]{\ }$	:	Radizieren mit dem Wurzelexponenten $n \in IN$, gelesen: „n-te Wurzel aus"
a^n	:	Potenzieren mit dem Exponenten $n \in IR$, gelesen: „a hoch n"
$x \in X$	:	x ist Element der Menge X
$x \notin Y$	:	x ist nicht Element der Menge Y
$a \in \{b, c, a\}$	:	a ist Element der Menge mit den Elementen b, c, a
$f: x \rightarrow y$	:	Funktion
$f^{-1}: y \rightarrow x$	:	Umkehrfunktion
$g \circ f$	:	verkettete Funktion g mit f
EE	:	Erzeugniseinheiten
E	:	Erlös
E'	:	Grenzerlös
gdw.	:	genau dann, wenn
G	:	Gewinn
G'	:	Grenzgewinn
P	:	Preis
K	:	Kosten
K'	:	Grenzkosten
K_{var}	:	variable Kosten
k	:	durchschnittliche Kosten
k_{var}	:	durchschnittliche variable Kosten
IN	:	Zahlenbereich der natürlichen Zahlen (ohne Null)
IQ	:	Zahlenbereich der rationalen Zahlen
IR	:	Zahlenbereich der reellen Zahlen
Δx	:	$\Delta x = x_2 - x_1$ Differenz von Argumenten
Δy	:	$\Delta y = y_2 - y_1$ Differenz von Funktionswerten
$\overline{v}_{[t_1, t_2]}$	:	Durchschnittsgeschwindigkeit im Zeitintervall $[t_1, t_2]$
$v(t)$	:	Momentangeschwindigkeit im Zeitpunkt t

1. Die Probleme der durchschnittlichen und der lokalen Steigung

Lernziele:

> Sie können unterschiedliche Probleme aus Ihrer Erfahrungswelt nennen, in denen die durchschnittliche Steigung einer Größe und die lokale Steigung einer Größe von Bedeutung sind. Die Begriffe „durchschnittliche Steigung" und „lokale Steigung" können Sie auf diese Probleme anwenden und die entsprechenden Berechnungen durchführen.

1.1 Lokale und durchschnittliche Steigungen von Straßen

Wenn Sie Ihren Urlaub im Gebirge verbringen, dann sind an den Straßenrändern sehr häufig Verkehrsschilder angebracht, auf denen die Steigungen der Straße angegeben sind. (Die Angaben erfolgen in %).

Beispiel:
Nehmen wir einmal an, in Abbildung 1 ist der Querschnitt durch eine bestimmte Straßenführung dargestellt. Im Punkt P steht ein Verkehrsschild mit der Aufschrift 20 %, im Punkt Q ein Verkehrsschild mit der Aufschrift 60 % und im Punkt R ein Verkehrsschild mit der Aufschrift 40 %. Um die Steigungen zu ermitteln, wird ein rechtwinkliges Koordinatensystem benötigt. Die x-Achse verläuft auf der Höhe Normal Null. Auf der senkrechten Achse werden die Höhen h über Normal Null dargestellt.

Jeder Stelle x wird somit eindeutig eine Höhe h(x) zugeordnet. Der Graph der nicht eineindeutigen Funktion h: x → h(x), der den Querschnitt durch eine Straßenführung widerspiegelt, ist in dem Koordinatensystem der Abbildung 1 dargestellt.

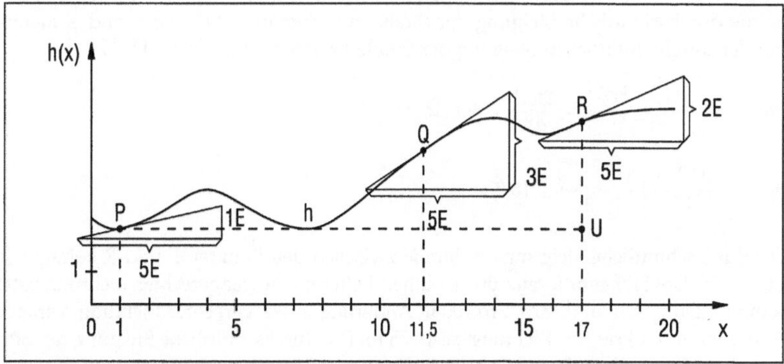

Abbildung 1: Lokale und durchschnittliche Steigungen einer Straße

Steigungsdreieck

Um die Steigung der Straße im Punkt P zu ermitteln, kann an den Graph der Funktion h im Punkt P ein Steigungsdreieck gezeichnet werden. Die Hypotenuse des Steigungsdreieckes muß den Graphen von h im Punkt P berühren. Es sei daran erinnert, daß die

Katheten des Steigungsdreieckes parallel zu den Achsen verlaufen. Ein beliebiges Steigungsdreieck im Punkt P kann genutzt werden, um die Steigung der Straße im Punkt P anzugeben. Der Anstieg der Hypotenuse m des Steigungsdreieckes ist zu berechnen als Quotient aus der Kathete, die parallel zur h-Achse verläuft, und der Kathete, die parallel zur x-Achse verläuft.

Somit können aus Abbildung 1 die folgenden Steigungen ermittelt werden:

Steigung im Punkt P mit x = 1	Steigung im Punkt Q mit x = 11,5	Steigung im Punkt R mit x = 17
$m\,(1) \approx \frac{1}{5} = 0{,}2$	$m\,(11{,}5) \approx \frac{3}{5} = 0{,}6$	$m\,(17) \approx \frac{2}{5} = 0{,}4$

Lokale Steigung

Die Steigung einer Straße in einem Punkt wird als lokale Steigung bezeichnet. Sie wird im allgemeinen in Prozent angegeben. Für die in der Abbildung dargestellte Straße gilt somit:

Die lokale Steigung der Straße im Punkt P beträgt:
ca. 0,2 m in h-Richtung pro 1 m in x-Richtung,

die lokale Steigung der Straße im Punkt Q beträgt:
ca. 0,6 m in h-Richtung pro 1 m in x-Richtung,

die lokale Steigung der Straße im Punkt R beträgt:
ca. 0,4 m in h-Richtung pro 1 m in x-Richtung.

Durchschnittliche Steigung

Außer dem Begriff der **lokalen Steigung** einer Straße wird sehr häufig der Begriff der **durchschnittlichen Steigung** einer Straße verwendet. Der Begriff der lokalen Steigung bezieht sich auf einen lokalen Punkt, der Begriff der durchschnittlichen Steigung bezieht sich auf ein bestimmtes Intervall. Aus dem Koordinatensystem in Abbildung 1 kann zum Beispiel die durchschnittliche Steigung der Straße zwischen den Punkten P und R ermittelt werden, indem ein Steigungsdreieck durch diese beiden Punkte gezeichnet wird. Ein Steigungsdreieck ist beispielsweise durch die Punkte P, U, R begrenzt. Der Anstieg der Geraden durch die Punkte P und R errechnet sich dann mit Hilfe des Quotienten aus Höhendifferenz der beiden Punkte und der Differenz der x-Koordinaten der beiden Punkte.

Da der Punkt P die x-Koordinate x = 1 und der Punkt R die x-Koordinate x = 17 besitzt, ist die durchschnittliche Steigung der Straße zwischen den Punkten P und R identisch mit der durchschnittlichen Steigung der Straße im Intervall $[x_1, x_2] = [1; 17]$.

$$\bar{m}_{[x_1,x_2]} = \frac{h(x_2) - h(x_1)}{x_2 - x_1} = \frac{\Delta h(x)}{\Delta x}, \quad \textit{für } \Delta x \neq 0$$

$$\bar{m}_{[1,17]} = \frac{h(17) - h(1)}{17 - 1} \approx \frac{3}{16} = 0{,}1875$$

Die durchschnittliche Steigung der Straße zwischen den Punkten P und R beträgt somit ca. 0,1875. Die Höhendifferenz pro 1 Einheit Differenz in waagerechter Richtung beträgt somit im Durchschnitt 0,1875. Pro 100 m Änderung in waagerechter Richtung beträgt die Änderung in senkrechter Richtung ca. 18,75 m. Die durchschnittliche Steigung der Straße zwischen den Punkten P und Q beträgt somit ca. 18,75 %.

1.2 Durchschnittliche und momentane Geschwindigkeiten

Nehmen wir einmal an, ein Berufskraftfahrer hat einen Fahrtenschreiber an Bord, der genau den zurückgelegten Weg pro Minute aufzeichnet. Werden die Daten in ein rechtwinkliges Koordinatensystem eingetragen, in dem die waagerechte Achse für die Zeit t (in Minuten) und die senkrechte Achse für den zurückgelegten Weg (in km) vorgesehen ist, so entsteht zum Beispiel das Weg-Zeit-Diagramm in Abbildung 2. Jeder Zeit t ist eindeutig ein zurückgelegter Weg s zugeordnet. Die Funktion $s: t \to s(t)$ für $t \in \mathbb{R}$ und $t \geq 0$ ist eineindeutig.

Bezeichnungen

s:	zurückgelegter Weg [gemessen in km (Kilometer)]
t:	Zeit [gemessen in min (Minuten) oder h (Stunden)]
$\bar{v}_{[t_1, t_2]}$:	Durchschnittsgeschwindigkeit im Zeitintervall $[t_1, t_2]$ [gemessen in km/min oder km/h]
v(t):	Momentangeschwindigkeit im Zeitpunkt t [gemessen in km/min oder km/h]

Die Gleichung der Funktion $s: t \to s(t)$ lautet:

$$s(t) = \frac{1}{120} t^4 - \frac{2}{15} t^3 + \frac{3}{5} t^2$$

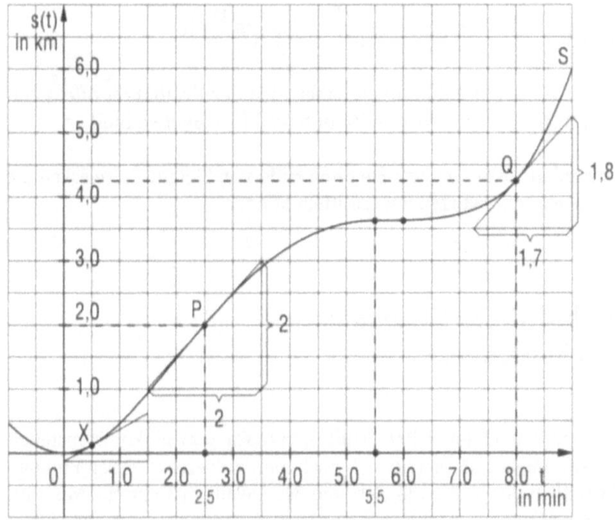

Abbildung 2: s-t-Diagramm eines Kraftfahrzeuges im Stadtverkehr

Durchschnittsgeschwindigkeit

In den ersten neun Minuten seiner Fahrt legt der Kraftfahrer einen Weg von ca. 6 km zurück. Aus diesen Daten kann die Durchschnittsgeschwindigkeit ermittelt werden, mit der er im Zeitintervall [0, 9] [Angaben in min] gefahren ist.

Sie beträgt: $\bar{v}_{[0,9]} = \frac{6}{9} \approx 0{,}666666 \left(\text{in } \frac{\text{km}}{\text{min}}\right)$

Die Geschwindigkeit wird im allgemeinen in der Einheit km/h angegeben, so daß wir jetzt die Umrechnung vornehmen wollen. Da 1 h = 60 min und damit 1 min = 1/60 h betragen, gilt für die Durchschnittsgeschwindigkeit im Zeitintervall [0; 0,15] (Angaben in h):

$$\bar{v}\left[0;\tfrac{9}{60}\right] = \frac{6}{\frac{9}{60}} = \frac{6 * 60}{9} = 40\left(\text{in } \frac{\text{km}}{\text{h}}\right)$$

Höchstgeschwindigkeit

Trotzdem wird der Kraftfahrer gestoppt und muß einen Strafzettel entgegennehmen. Während der ersten neun Minuten fährt er ausschließlich in einer Stadt, für die stets die Höchstgeschwindigkeit 50 km/h gilt. Es sollen nun einige Zeiten ermittelt werden, in denen er die Höchstgeschwindigkeit von 50 km/h überschritten hat.

Momentangeschwindigkeit

Die Höchstgeschwindigkeit von 50 km/h wurde zum Zeitpunkt t = 2,5 (in min) überschritten. Zur Ermittlung der Momentangeschwindigkeit im Punkt P(2,5/2) wird ein Steigungsdreieck an die s-t-Kurve gezeichnet. Aus dem Steigungsdreieck kann die Steigung der s-t-Kurve im Punkt P(s/t) ermittelt werden. Die Steigung der s-t-Kurve im Punkt P(s/t) kann gedeutet werden als Momentangeschwindigkeit v(t) des Fahrzeugs im Zeitpunkt t.
Somit gilt für den Punkt P(2,5/2): $v(2{,}5) \approx \frac{2}{2} = 1 \left(\text{in } \frac{\text{km}}{\text{min}}\right)$ bzw. $v\left(\frac{2{,}5}{60}\right) = 60 \left(\text{in } \frac{\text{km}}{\text{h}}\right)$

Die Höchstgeschwindigkeit von 50 km/h wurde ebenfalls zum Zeitpunkt t = 8 (in Minuten) überschritten. Aus dem Steigungsdreieck an die s-t-Kurve im Punkt Q(8/4,25) kann die Momentangeschwindigkeit v(8) zum Zeitpunkt t = 8 errechnet werden:

$$v(8) \approx \frac{1{,}8}{1{,}7} \approx 1{,}06 \left(\text{in } \frac{\text{km}}{\text{Minute}}\right) \quad \text{bzw.} \quad v\left(\frac{8}{60}\right) \approx \frac{1{,}8 * 60}{1{,}7} \approx 63{,}53\left(\text{in } \frac{\text{km}}{\text{h}}\right)$$

In der Zeit zwischen 5,5 Minuten und 6 Minuten nähert sich der Kraftfahrer offensichtlich einer Ampel, da der zurückgelegte Weg im Zeitintervall [5,5; 6] etwa Null ist.

In diesem Studientext werden Sie lernen, wie Sie ohne Hilfe von Steigungsdreiecken die Momentangeschwindigkeiten von Fahrzeugen ermitteln können.

1.3 Der durchschnittliche Steuersatz und der lokale Steuersatz

Im Einkommensteuergesetz vom Oktober 1992 heißt es in § 32a zum Einkommensteuertarif: „Die tarifliche Einkommensteuer bemißt sich nach dem zu versteuernden Einkommen. Sie beträgt vorbehaltlich der §§ 32b, 34, 34b und 34c jeweils in Deutsche Mark für zu versteuernde Einkommen

1. bis 5 616 Deutsche Mark (Grundfreibetrag): 0;
2. von 5 617 Deutsche Mark bis 8 153 Deutsche Mark: $0{,}19 * x - 1\,067$;
3. von 8 154 Deutsche Mark bis 120 041 Deutsche Mark: $(151{,}94 * y + 1\,900) * y + 472$;
4. von 120 042 Deutsche Mark an: $0{,}53 * x - 22\,842$;

x ist das abgerundete zu versteuernde Einkommen; y ist ein Zehntausendstel des 8 100 Deutsche Mark übersteigenden Teils des abgerundeten zu versteuernden Einkommens."

Tarifliche Einkommensteuer

Da jedem zu versteuernden Einkommen x eindeutig eine tarifliche Einkommensteuer S(x) zugeordnet wird, ist $S: x \rightarrow S(x)$ für $x \in \mathbb{R}$ und $x \geq 0$ eine eineindeutige Funktion in der Menge der nichtnegativen reellen Zahlen.

Für die tarifliche Einkommensteuer S(x) ergibt sich die folgende Berechnungsvorschrift, wenn x das zu versteuernde Einkommen ist. Die Abrundung des zu versteuernden Einkommens bleibt in diesem Studientext unberücksichtigt.

$$S(x) = \begin{cases} 0, & \textit{für} \quad 0 \le x \le \ 5\,616 \\ 0{,}19 * x - 1\,067, & \textit{für} \quad 5\,617 \le x \le \ 8\,153 \\ \left[151{,}94 * \frac{x - 8\,100}{10\,000} + 1\,900\right] * \frac{x - 8\,100}{10\,000} + 472, & \textit{für} \quad 8\,154 \le x \le 120\,041 \\ 0{,}53 * x - 22\,842, & \textit{für}\ 120\,042 \le x \end{cases}$$

In der folgenden Übersicht sind einige geordnete Zahlenpaare der Einkommensteuerfunktion S enthalten:

x	5 617	8 153	8 154	39 959	40 000	40 001	90 000	90 001	100 000
S(x)	0,23	482,07	482,26	8 067,39	8 079,16	8 079,44	26 224,54	26 224,98	30 765,26

Für $0 \le x \le 15\,000$ zeigt Abbildung 3 den Graph der Funktion S: $x \to S(x)$.

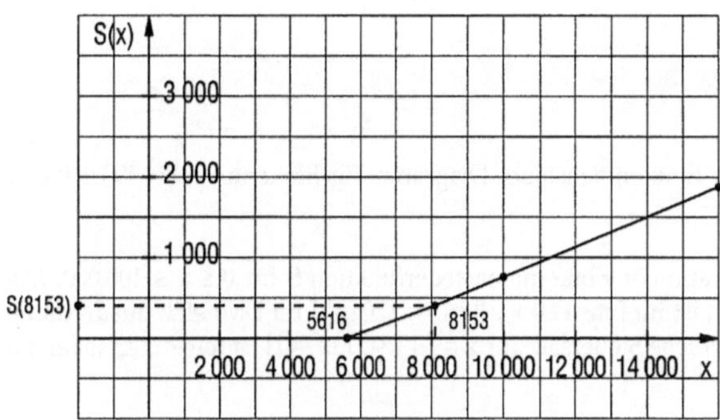

Abbildung 3: Einkommensteuerfunktion für Einkommen aus dem Intervall [0, 15 000] (in DM)

Die Einkommensteuerfunktion ist im Intervall [0, 5 616] eine lineare Funktion mit dem Anstieg 0 und im Intervall [5 617, 8 153] eine lineare Funktion mit einem positiven Anstieg. Im Intervall [5 617, 8 153] Intervall hat die Funktion eine durchschnittliche Steigung von:

Einkommensteuerfunktion

$$\bar{s}_{[5\,617,\,8\,153]} = \frac{S(8\,153) - S(5\,617)}{8\,153 - 5\,617} = \frac{482{,}07 - 0{,}23}{2\,536} = 0{,}19$$

Diese durchschnittliche Steigung der Funktion S wird bezeichnet als durchschnittlicher Steuersatz $s_{[x_1,\,x_2]}$ im Intervall $[x_1, x_2]$. $s_{[5\,617,\,8\,153]} = 0{,}19$ sagt aus, daß bei einem Einkommen x aus dem Intervall [5 617, 8 153] pro 1 DM Erhöhung des Einkommens im Durchschnitt eine Erhöhung der Einkommensteuer um 0,19 DM erfolgt.

Durchschnittlicher Steuersatz

Im Intervall [5 617, 8 153] ist die durchschnittliche Steigung der Einkommensteuerfunktion identisch mit der lokalen Steigung. Die lokale Steigung der Einkommensteuerfunktion wird bezeichnet als lokaler Steuersatz oder Grenzsteuersatz.

Grenzsteuersatz

Der Grenzsteuersatz s(x) für ein Einkommen $x \in [5\,617,\,8\,153]$ ist identisch mit dem durchschnittlichen Steuersatz $s_{[5\,617,\,8\,153]}$ von 0,19.

$s(t) = 0{,}19$ für alle $t \in [5\,617,\ 8\,153]$

Wenn ein Bürger z. B. 7 000 DM zu versteuerndes Einkommen besitzt, dann muß er für jede Erhöhung seines zu versteuernden Einkommens um 1 DM zusätzliche Steuern von 0,19 DM zahlen.

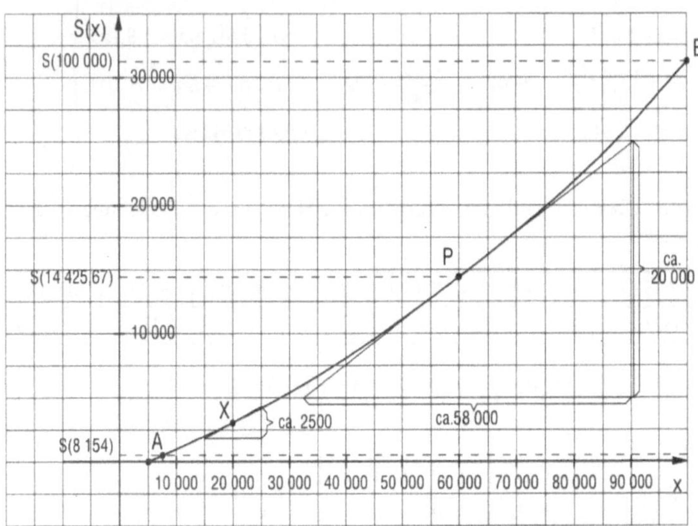

Abbildung 4: Einkommen-Einkommensteuer-Diagramm für Einkommen bis 100 000 DM

Abbildung 4 zeigt den Graph der Einkommensteuerfunktion S für $0 \le x \le 100\,000$. Die Einkommensteuerfunktion ist im Intervall $x \in [8\,154,\ 120\,041]$ (in DM) eine quadratische Funktion. Der durchschnittliche Steuersatz für $x \in [8\,154,\ 120\,041]$ ist folgendermaßen zu berechnen:

$$\bar{s}_{[8\,154,\ 120\,041]} = \frac{S(120\,041) - S(8\,154)}{120\,041\ - 8\,154} \approx \frac{40\,780{,}068\ - 482{,}264}{111\,887} \approx 0{,}36$$

Für den durchschnittlichen Steuersatz bei einem Einkommen $x \in [8\,154,\ 100\,000]$ ist aus Abbildung 4 der Anstieg der Geraden durch die Punkte A(8 154/482,264) und B(100 000/30 765,26) folgendermaßen zu berechnen:

$$\bar{s}_{[8\,154,\ 100\,000]} = \frac{S(100\,000) - S(8\,154)}{100\,000 - 8\,154} \approx \frac{30\,765{,}26 - 482{,}26}{91\,846} \approx 0{,}33$$

Wenn Sie ein Einkommen $8\,154 \le x \le 100\,000$ beziehen, dann wird pro Einkommenserhöhung von 1 DM eine Einkommensteuererhöhung um durchschnittlich 0,33 DM festgesetzt.

Für jedes Einkommen x aus diesem Intervall hat der lokale Steuersatz oder Grenzsteuersatz einen anderen Wert. Den Algorithmus zur Berechnung des lokalen Steuersatzes lernen Sie erst in einem späteren Abschnitt dieses Studientextes kennen. Um den Grenzsteuersatz für ein Einkommen von beispielsweise $x = 60\,000$ (in DM) zu ermitteln, müssen Sie den Anstieg des Graphen der Einkommensteuerfunktion im Punkt P(60 000/14 425,67) näherungsweise bestimmen. Dazu müssen Sie im Punkt P ein beliebiges Steigungsdreieck zeichnen. Beachten Sie, daß die Hypotenuse des Steigungsdreieckes den Graphen der Einkommensteuerfunktion im Punkt P nur berühren darf (siehe Abbildung 4).

$$s(60\,000) \approx \frac{20\,000}{58\,000} \approx 0{,}345$$

Bei vorgegebener Einkommensteuerfunktion S: x → S(x) kann ein Steuerberater für einen Unternehmer den durchschnittlichen Steuersatz für ein Einkommen, das mindestens a (in DM) und höchstens b (in DM) beträgt, berechnen. Für den durchschnittlichen Steuersatz im Intervall [a, b] gilt die folgende Berechnungsvorschrift:

$$\bar{S}_{[a,\,b]} = \frac{S_{(b)} - S_{(a)}}{b - a}$$

Der durchschnittliche Steuersatz gibt den durchschnittlichen Zuwachs der abzuführenden Einkommensteuer pro 1 DM Zuwachs des zu versteuernden Einkommens an.

1.4 Berechung eines Extremwertes

Nehmen wir einmal an, ein Unternehmen muß aus rechteckigen Blechen mit vorgegebenen Kantenlängen Container mit größtmöglichem Fassungsvermögen für den Transport von Gütern herstellen.

Sie werden beauftragt, die notwendigen Berechnungen für die Konstruktion der Container durchzuführen. Das folgende Beispiel liefert Ihnen die erforderlichen Grundlagen:

Aus einem quadratischen Stück Pappe mit den Seitenlängen 10 cm soll ein Kasten ohne Deckel hergestellt werden, indem man an den Ecken je ein Quadrat ausschneidet und die entstandenen Ränder hochbiegt.

a) Wählen Sie für die Seitenlänge x der auszuschneidenden Quadrate nacheinander
   $x = 1, \quad x = 2, \quad x = 3, \quad x = 4, \quad x = 5$
   und berechnen Sie das Volumen V des entstehenden Kastens.
b) Welche Seitenlänge müssen die auszuschneidenden Quadrate haben, damit das Volumen des entstehenden Kastens möglichst groß ist?

Lösung:

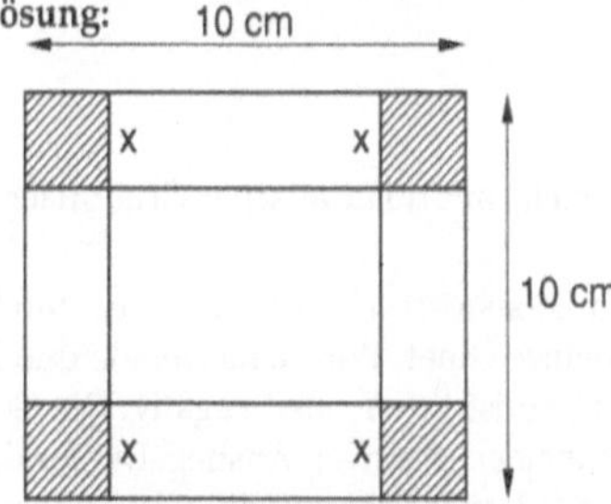

a) Das Volumen V des Kastens wird berechnet mit Hilfe des Produktes aus dem Flächeninhalt der Grundfläche und der Höhe x. Die Grundfläche ist ein Quadrat mit der Seitenlänge (10 – 2a).

   Somit ergibt sich die folgende Gleichung für das Volumen V in Abhängigkeit von der Seitenlänge x der auszuschneidenden Quadrate:

   $V(x) = (10 - 2x) * (10 - 2x) * x = 4x^3 - 40x^2 + 100x$

   Da jedem x eindeutig ein V(x) zugeordnet wird, ist V: x → V(x) eine Funktion in der Menge der nichtnegativen reellen Zahlen.

x in cm	0	1	2	3	4	5
V(x) in cm³	0	64	72	48	16	0

b) Um den größten Funktionswert der Funktion V zu ermitteln, kann das Intervall [1, 2] in zehn gleiche Teile geteilt werden. Die x-Werte und die zugehörigen V-Werte können wiederum in eine Tabelle eingetragen werden.

x in cm	1,1	1,2	1,3	1,4	1,5	1,6	1,7	1,8	1,9
V(x) in cm³	66,924	69,312	71,188	72,576	73,5	73,984	74,052	73,728	73,036

Der größte Funktionswert der Funktion V liegt im Intervall [1,6; 1,7]. Abbildung 5 zeigt den Graphen der Funktion V: x → V(x).

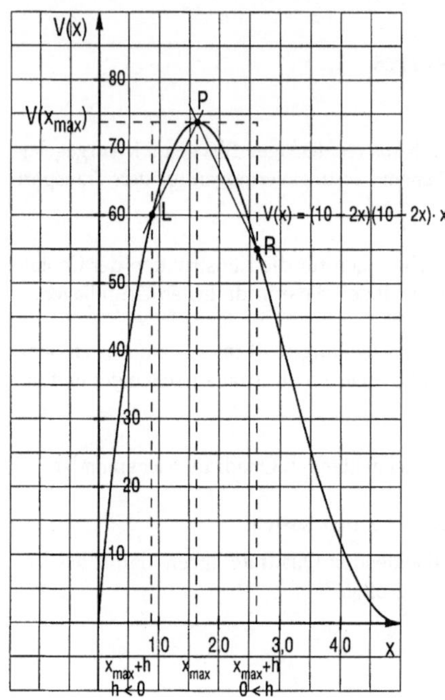

Abbildung 5: Das größtmögliche Volumen eines Kastens mit quadratischer Grundfläche

Größter Funktionswert der Funktion

Die Stelle x_{max}, an der die Funktion den größten Funktionswert $V(x_{max})$ besitzt, ist durch die x-Koordinate des Punktes P in Abbildung 5 gekennzeichnet. Wird eine Gerade durch die Punkte P und R (R liegt rechts von P) gezeichnet, so ist ihr Anstieg negativ. Die Gerade durch die Punkte P und L (L liegt links von P) hat einen positiven Anstieg. Der Punkt L hat die x-Koordinate $x = x_{max} + h$ (für $h < 0$) und der Punkt R besitzt die x-Koordinate $x = x_{max} + h$ $(0 < h)$. (h ist eine von Null verschiedene reelle Zahl, die nahe bei Null liegt.)

Durchschnittliche Steigung des Graphen der Funktion

Für die durchschnittliche Steigung des Graphen der Funktion V in dem Intervall $[x_{max}, x_{max} + h]$ ergibt sich der folgende Wert:

$$m_{[x_{max}, x_{max}+h]} = \frac{V(x_{max}+h) - V(x_{max})}{h}$$

$$m_{[x_{max}, x_{max}+h]} = \frac{[4\,(x_{max}+h)^3 - 40\,(x_{max}+h)^2 + 100\,(x_{max}+h)] - [4\,x_{max}^3 - 40\,x_{max}^2 + 100\,x_{max}]}{h}$$

$$m_{[x_{max}, x_{max}+h]} = \frac{4(x_{max}^3 + 3x_{max}^2 h + 3x_{max}h^2 + h^3) - 40(x_{max}^2 + 2x_{max}h + h^2) + 100(x_{max} + h) - [4x_{max}^3 - 40x_{max}^2 + 100x_{max}]}{h}$$

$$m_{[x_{max}, x_{max}+h]} = \frac{12x_{max}^2 h + 12x_{max}h^2 + 4h^3 - 80x_{max}h - 40h^2 + 100h}{h}$$

Da $h \neq 0$ kann der Zähler und der Nenner des Quotienten durch h dividiert werden.

$m_{[x_{max}, x_{max}+h]} = (12x_{max}^2 - 80x_{max} + 100) + (12x_{max}h + 4h^2 - 40h)$

Aus der Gleichung für die durchschnittliche Steigung des Graphen der Funktion V: $x \rightarrow V(x)$ im Intervall $[x_{max}, x_{max} + h]$ läßt sich x_{max} berechnen. Wie wir später zeigen werden, gilt: $x_{max} = \frac{5}{3}$.

Es ist leicht nachzuprüfen, daß das Volumen des Kastens maximal ist, wenn die Seitenlänge der auszuschneidenden Quadrate $x_{max} = \frac{5}{3}$ beträgt.

Dazu kann $x_{max} = \frac{5}{3}$ in die Gleichung für $m_{[x_{max}, x_{max}+h]}$ eingesetzt werden.

Für die durchschnittliche Steigung des Graphen der Funktion V im Intervall $[\frac{5}{3}, \frac{5}{3} + h]$ gilt somit:

$m_{[\frac{5}{3}, \frac{5}{3}+h]} = (12 * (\frac{5}{3})^2 - 80 * \frac{5}{3} + 100) + (12 * \frac{5}{3} * h + 4h^2 - 40h)$

$m_{[\frac{5}{3}, \frac{5}{3}+h]} = 0 + (20h + 4h^2 - 40h)$

$m_{[\frac{5}{3}, \frac{5}{3}+h]} = 0 + 4h(h - 5)$

Wenn h in der Nähe von Null gewählt wird, dann ist der Faktor $(h - 5) < 0$.

Die Schreibweise $h \rightarrow 0$ bedeutet, daß h gegen Null strebt, ohne sie jemals zu erreichen. Beachten Sie, daß die durchschnittliche Steigung $m_{[\frac{5}{3}, \frac{5}{3}+h]}$ für $h = 0$ nicht definiert ist.

Wenn	$h < 0$	und $h \rightarrow 0$,	dann	$m_{[\frac{5}{3}, \frac{5}{3}+h]} > 0$.
Wenn	$0 < h$	und $h \rightarrow 0$,	dann	$m_{[\frac{5}{3}, \frac{5}{3}+h]} < 0$.

Die Funktion V hat an der Stelle $x_{max} = \frac{5}{3}$ den größten Funktionswert, da in einer beliebig kleinen Umgebung rechts von $x_{max} = \frac{5}{3}$ die durchschnittliche Steigung des Graphen der Funktion negativ ***und*** in einer beliebig kleinen Umgebung links von $x_{max} = \frac{5}{3}$ die durchschnittliche Steigung positiv ist.

Es soll nun gezeigt werden, wie x_{max} zu berechnen ist.

Wenn h sich 0 nähert, so nähert sich die durchschnittliche Steigung $m_{[x_{max}, x_{max}+h]}$ des Graphen der Funktion V im Intervall $[x_{max}, x_{max} + h]$ der lokalen Steigung $m(x_{max})$ an der Stelle x_{max}. Wenn die Funktion V an der Stelle x_{max} den größten Funktionswert besitzt, so ist die lokale Steigung des Graphen von V im Punkt $(x_{max}/V(x_{max}))$ gleich 0.

Da nach Anwendung des Kürzungsverfahrens h nicht im Nenner steht, kann in die Gleichung

$m_{[x_{max}, x_{max}+h]} = (12x_{max}^2 - 80x_{max} + 100) + (12x_{max}h + 4h^2 - 40h)$

für $h = 0$ eingesetzt werden. Für die lokale Steigung des Graphen von V an der Stelle x_{max} gilt:

$m(x_{max}) = 12x_{max}^2 - 80x_{max} + 100$

$m(x_{max}) = 12x_{max}^2 - 80x_{max} + 100 = 0$ genau dann, wenn

$$x_{max}^2 - \frac{80}{12}x_{max} + \frac{100}{12} = 0 \quad \text{bzw.} \quad x_{max}^2 - \frac{20}{3}x_{max} + \frac{25}{3} = 0$$

Aus der Lösungsformel für quadratische Gleichungen können die Lösungen $x_{max} = \frac{5}{3}$ oder $x_{max} = 5$ errechnet werden. Aus einem quadratischen Stück Pappe mit den Seitenlängen 10 cm können an den Ecken keine Quadrate mit den Seitenlängen 5 cm ausgeschnitten werden, um einen oben offenen Kasten herzustellen. Nur $x_{max} = \frac{5}{3}$ ist eine Lösung des praktischen Problems. Das maximale Volumen läßt sich aus der Funktionsgleichung der Funktion V errechnen.

$$V(\tfrac{5}{3}) = 4 * (\tfrac{5}{3})^3 - 40 * (\tfrac{5}{3})^2 + 100 * (\tfrac{5}{3}) \approx 74{,}074.$$

Um aus einem quadratischen Stück Pappe mit der Seitenlänge 10 cm einen oben offenen Kasten mit einem maximalen Volumen herzustellen, muß 1 cm zunächst in drei gleiche Teile geteilt werden. Das Fünffache eines Teils ist die Seitenlänge der auszuschneidenden Quadrate.

Diese Berechnungen können auf quadratische Bleche für die Herstellung von Containern übertragen werden.

Aufgaben zur Selbstüberprüfung:

1. Ermitteln Sie aus Abbildung 2 näherungsweise die durchschnittliche Geschwindigkeit, mit der der Kraftfahrer im Zeitintervall [0; 1,5] (Angaben in min) fährt. Mit welcher Momentangeschwindigkeit fährt er 0,5 Minuten nach Beginn seiner Reise?

2. a) In Abschnitt 1.3 ist die Berechnungsvorschrift für die tarifliche Einkommensteuer angegeben. Berechnen Sie den durchschnittlichen Steuersatz bei einem Einkommen aus dem Intervall [6 000, 7 000] (Angaben in DM) und bei einem Einkommen aus dem Intervall [10 000, 15 000]. Geben Sie eine inhaltliche Interpretation für die beiden Rechenergebnisse.

   b) Ermitteln Sie aus Abbildung 4 näherungsweise den Grenzsteuersatz bei einem Einkommen von 20 000 DM. Interpretieren Sie die inhaltliche Bedeutung des Ergebnisses.

3. Aus einem quadratischen Stück Pappe mit den Seitenlängen 6 cm soll ein Kasten ohne Deckel hergestellt werden, indem man an den Ecken je ein Quadrat ausschneidet und die entstandenen Ränder hochbiegt.

   Welche Seitenlänge müssen die auszuschneidenden Quadrate haben, damit das Volumen des entstehenden Kastens möglichst groß ist?

2. Die lokale Steigung des Graphen einer Funktion und die Differenzierbarkeit einer Funktion

Lernziele:

> Sie können die Grundbegriffe der Differentialrechnung angeben. Von einer gegebenen Funktion können Sie die durchschnittliche Steigung ihres Graphen in einem Intervall und die lokale Steigung an einer Stelle bestimmen. Sie können eine Funktion auf Differenzierbarkeit untersuchen.

Die Probleme, die Sie in Kapitel 1 bearbeitet haben, führen alle auf die gleiche Situation: Gegeben ist eine Funktion $f: x \to f(x)$, $x \in D$ (Definitionsmenge von f), und eine Stelle $a \in D$. Gesucht sind:

- die durchschnittliche Steigung des Graphen von f im Intervall $[a, a + h]$ $(h \neq 0)$ und
- die lokale Steigung des Graphen von f an der Stelle a.

Um die mathematischen Grundlagen dieses Abschnittes auf betriebswirtschaftliche Probleme anwenden zu können, ist es demzufolge notwendig, daß die ökonomischen Prozesse in einem Unternehmen durch eine Funktion widergespiegelt werden. Für die Modellierung betriebswirtschaftlicher Prozesse mit Hilfe reeller Funktionen gibt es mathematische Verfahren, die nicht Gegenstand dieses Studientextes sind. Wir gehen darum davon aus, daß die Funktionsgleichungen bereits ermittelt wurden.

In diesem Abschnitt wird das Steigungsproblem für eine gegebene Funktion systematisch untersucht.

Beispiel:
Gegeben ist die Funktion $f: x \to f(x) = \frac{1}{10}x^2 + 1$ für $x \in \mathbb{R}$.

a) Ermitteln Sie die durchschnittliche Steigung $m_{[a, a+h]}$ des Graphen von f in dem Intervall $[a, a + h]$ für $h \neq 0$.

b) Setzen Sie für a = 1 ein. Berechnen Sie die durchschnittlichen Steigungen des Graphen von f in den Intervallen $[1, 1 + h]$. Für h sind die folgenden Werte einzusetzen:

h	9	4	1	0,1	0,01	0,001	0,0001	0,00001	0,000001

und

h	–10	–5	–1	–0,1	–0,01	–0,001	–0,0001	–0,00001	–0,000001

c) Zeichnen Sie den Graphen der Funktion f. Zeichnen Sie für h = 9 und h = 4 die Steigungsdreiecke an den Graphen der Funktion f im Punkt P (1; 1,1).

d) Ermitteln Sie zeichnerisch die lokale Steigung m(a) des Graphen der Funktion f an der Stelle a = 1.

Lösung:

a) $$m_{[a,a+h]} = \frac{f(a+h) - f(a)}{h} = \frac{\frac{1}{10}(a+h)^2 + 1 - \left(\frac{1}{10} * a^2 + 1\right)}{h} = \frac{\frac{2}{10} * a * h + \frac{1}{10}h^2}{h} \quad \text{für } h \neq 0$$

Da $h \neq 0$ kann das Kürzungsverfahren angewandt werden. Für die durchschnittliche Steigung des Graphen von f im Intervall $[a, a + h]$ gilt somit:

$m_{[a, a+h]} = 0{,}2 * a + 0{,}1 * h. \quad (h \neq 0)$

b) An der Stelle a = 1 gilt für die durchschnittliche Steigung der Funktion f im Intervall [1, 1 + h]:

$m_{[1,\,1+h]} = 0{,}2 + 0{,}1 * h.$

h	10	5	1	0,1	0,01	0,001	0,0001	0,00001	0,000001
$m_{[1,\,1+h]}$	1,1	0,6	0,3	0,21	0,201	0,2001	0,20001	0,200001	0,2000001

h	–10	–5	–1	–0,1	–0,01	–0,001	–0,0001	–0,00001	–0,000001
$m_{[1,1+h]}$	–0,8	–0,3	0,1	0,19	0,199	0,1999	0,19999	0,199999	0,1999999

c)

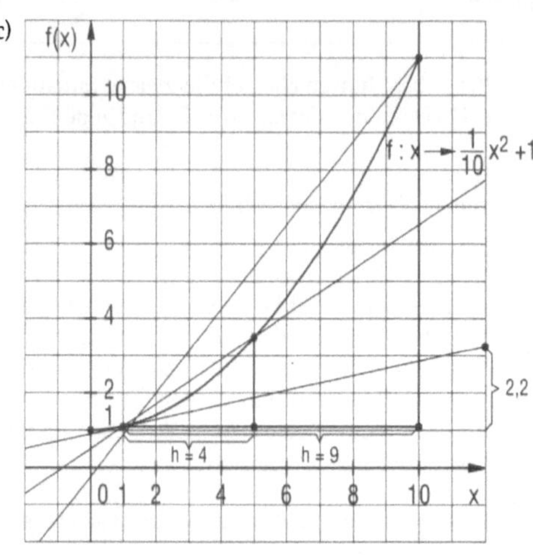

Abbildung 6: Durchschnittliche Steigung und lokale Steigung des Graphen einer Funktion

d) Aus der graphischen Darstellung kann die lokale Stelle von f an der Stelle a = 1 nur näherungsweise mit Hilfe eines Steigungsdreiecks ermittelt werden.

$$m(1) \approx \frac{2{,}2}{11} = 0{,}2$$

Das eben besprochene Beispiel soll genutzt werden, um die Grundbegriffe der Differentialrechnung einzuführen.

Bezeichnung

Differenzenquotient der Funktion f an der Stelle a ∈ D:

$$d_a(h) = \frac{f(a+h) - f(a)}{h} \quad \text{für} \quad a \in D \text{ und } h \in \mathbb{R}, h \neq 0$$

Der Differenzenquotient einer Funktion f an der Stelle a ist, geometrisch gedeutet, die durchschnittliche Steigung des Graphen der Funktion f im Intervall [a, a + h]. Der Differenzenquotient hängt ab von der Funktion f, der Stelle a und der reellen Zahl h ≠ 0. Sind die Funktionsgleichung von f und die Stelle a gegeben, so wird jedem h ≠ 0 eindeutig ein Differenzenquotient $d_a(h)$ zugeordnet.

Bezeichnung

Differenzenquotientenfunktion von f an der Stelle a ∈ D:

$$d_a: h \to d_a(h) = \frac{f(a+h) - f(a)}{a} \quad \text{für} \quad h \in \mathbb{R}, h \neq 0, a + h \in D$$

Ist eine Funktion f gegeben, so gehören zu verschiedenen Stellen a im allgemeinen verschiedene Differenzenquotientenfunktionen d_a.

Beispiel:

Gegeben ist die Funktion f: $x \to f(x) = 0{,}1 * x^2 + 1$ und die Stellen

a	–15	–10	–5	0	5	10	15

a) Geben Sie für jede Stelle a die Zuordnungsvorschrift der zugehörigen Differenzenquotientenfunktion an.

b) Zeichnen Sie die Graphen der Differenzenquotientenfunktionen in ein Koordinatensystem.

c) Berechnen Sie für jede Stelle a den Differenzenquotienten $d_a(0{,}5)$.

Lösung:

$$d_a: h \to d_a(h) \quad = \frac{0{,}1 * (a+h)^2 + 1 - [0{,}1 * a^2 + 1]}{h} = \frac{0{,}2 * a * h + 0{,}1 * h^2}{h}$$

$$= 0{,}2 * a + 0{,}1 * h \qquad \text{für } h \neq 0$$

Bei dieser Differenzenfunktion konnte man auf die Funktionsgleichung das Kürzungsverfahren anwenden. Das ist nicht immer der Fall. In diesem Studientext werden nur Funktionen untersucht, für die auf die zugehörige Differenzenquotientenfunktion das Kürzungsverfahren anwendbar ist.

a	-15	-10	-5	1	5	10	15
$d_a(h)$	-3 + 0,1 * h	-2 + 0,1 * h	-1 + 0,1 * h	0,2 + 0,1 + h	1 + 0,1 * h	2 + 0,1 * h	3 + 0,1 * h

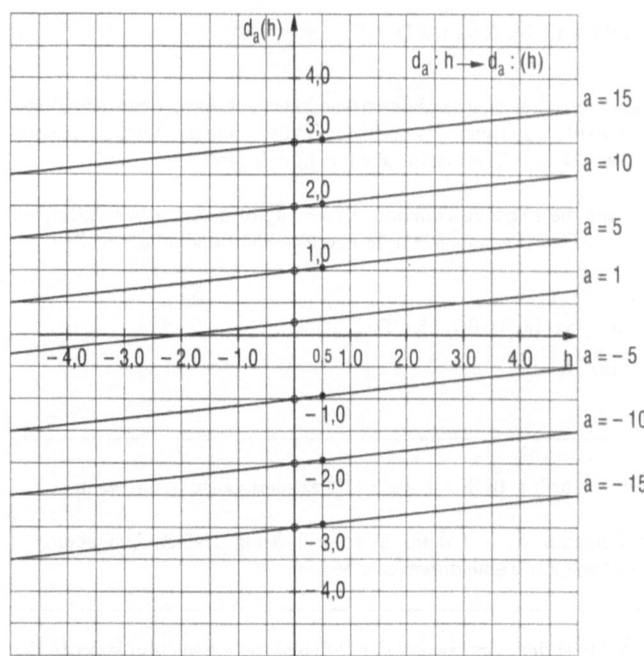

Abbildung 7: Differenzenquotientenfunktionen d_a zu einer Funktion f: $x \to 0{,}1x^2 + 1$

Da die Differenzenquotientenfunktionen d_a einer Funktion f an der Stelle h = 0 nicht definiert sind, besitzen die Graphen der Differenzenquotientenfunktionen an der Stelle h = 0 bzw. im Punkt (0/d_a(0) ein „Loch".

Für h = 0,5 ergeben sich folgende Werte:

a	–15	–10	–5	1	5	10	15
$d_a(h)$	–2,95	–1,95	–0,95	0,25	1,05	2,05	3,05

Bestimmung der lokalen Steigung

Die lokale Steigung der Funktion f an einer Stelle a kann näherungsweise ermittelt werden, indem die durchschnittlichen Steigungen von f für beliebig kleine Umgebungen von a berechnet werden. Dazu mußten Sie bisher stets das Steigungsdreieck im Punkt (a/f(a)) des Graphen von f zeichnen. Jetzt werden Sie ein Verfahren kennenlernen, das Ihnen gestattet, ohne Steigungsdreiecke die lokale Steigung einer Funktion an der Stelle a zu ermitteln.

An dem Graphen der Differenzenquotientenfunktion ist ersichtlich: Wenn h sich 0 nähert, dann nähert sich der Graph der Differenzenquotientenfunktion dem „Loch" .

Bezeichnung

Grenzwert der Differenzenquotientenfunktion an der Stelle a für h gegen 0:

$$\lim_{h \to 0} \frac{f(a+h) - f(a)}{h} \quad \text{für } h \in \mathbb{R}, h \neq 0, a + h \in D$$

Der Grenzwert der Differenzenquotientenfunktion an der Stelle a für h → 0 existiert nicht für alle Funktionen f. Für jede gegebene Funktion muß zunächst einmal untersucht werden, ob überhaupt existiert:

$$\lim_{h \to 0} \frac{f(a+h) - f(a)}{h} \quad \text{für } h \in \mathbb{R}, h \neq 0, a + h \in D$$

Kann auf die Funktionsgleichung einer Differenzenquotientenfunktion das Kürzungsverfahren angewandt werden, so kann „das Loch" im Graphen von d_a an der Stelle h = 0 „gestopft werden". Der gekürzte Term ist für alle h ∈ IR definiert.

Es kann in diesem Falle die folgende Funktion $\bar{d}_a: h \to \bar{d}_a(h)$ definiert werden, deren Graph für h ≠ 0 mit dem Graph von $d_a: h \to d_a(h)$ übereinstimmt und an der Stelle h = 0 definiert ist:

$$\bar{d}_a: h \to \left\{ \begin{array}{lll} d_a(h) & \text{für} & h \in \mathbb{R}, h \neq 0; a + h \in D \\ \lim\limits_{h \to 0} d_a(h) & \text{für} & h = 0 \end{array} \right\}$$

Definition

$\lim\limits_{h \to 0} \frac{f(a+h) - f(a)}{h}$ für h ∈ IR, h ≠ 0, a + h ∈ D existiert genau dann, wenn

der Graph der Funktion $\bar{d}_a: h \to \bar{d}_a(h)$ in einer beliebig kleinen Umgebung [h – ε, h + ε] (ε > 0) von h = 0 eine durchgehende Linie ist.

Der Funktionswert $\bar{d}_a(0)$ ist der „Grenzwert" der Differenzenquotientenfunktion an der Stelle a, wenn „h gegen 0 strebt".

$f'(a) = \lim_{h \to 0} \frac{f(a+h) - f(a)}{h} = \bar{d}_a(0)$: Grenzwert der Differenzenquotientenfunktion von f an der Stelle a, 1. Ableitung der Funktion f an der Stelle a. **Bezeichnung**

Beispiel:
Gegeben ist die Funktion f: $x \to f(x) = 0{,}1 * x^2 + 1$ und die Stellen

a	–15	–10	–5	0	5	10	15

Ermitteln Sie die ersten Ableitungen der Funktion f an den vorgegebenen Stellen.

Lösung:
Von der Funktion f wird die Differenzenquotientenfunktion d_a an einer beliebigen Stelle a gebildet. Auf die Differenzenquotientenfunktion kann das Kürzungsverfahren angewandt werden.
d_a: $h \to d_a(h) = 0{,}2 * a + 0{,}1 * h$ für $h \neq 0$.
Der Funktionswert der Funktion $\bar{d}_a: h \to \bar{d}_a(h)$ an der Stelle h = 0 muß errechnet werden, indem in $d_a(h)$ für h = 0 eingesetzt wird.

Für h = 0 gilt: $\bar{d}_a(0) = 0{,}2 * a$
Für die erste Ableitung der Funktion f an der Stelle a gilt: $f'(a) = 0{,}2 * a$.

a	–15	–10	–5	1	5	10	15
f'(a)	– 3	– 2	–1	0,2	1	2	3

Das folgende Beispiel zeigt Ihnen, welche Bedingungen erfüllt sein müssen, damit eine Funktion an einer Stelle eine erste Ableitung besitzt.

Beispiel:
Gegeben ist die Funktion $f: x \to \begin{Bmatrix} 3 * x^2 & \text{für } x \leq 1 \\ -x + 4 & \text{für } 1 \leq x \end{Bmatrix}$

a) Zeichnen Sie den Graph der Funktion f.
b) Ermitteln Sie die Gleichung der Differenzenquotientenfunktion d_a: $h \to d_a(h)$ zu der Funktion f an der Stelle a = 1.
c) Zeichnen Sie den Graph der Differenzenquotientenfunktion.
d) Untersuchen Sie, ob der Grenzwert der Differenzenquotientenfunktion d_a an der Stelle a = 1 für h gegen 0 existiert.

Lösung:
a)

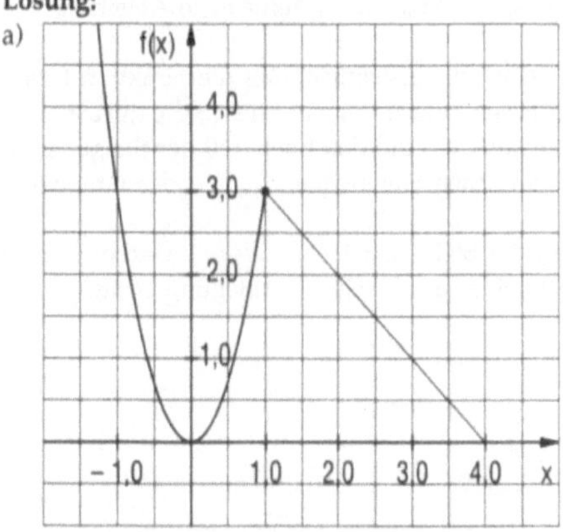

Abbildung 8: Der Graph einer Funktion, die an der Stelle a = 1 einen „Knick" besitzt.

b) Bei der Ermittlung der Gleichung der Differenzenquotientenfunktion ist zu beachten, daß für verschiedene Teilmengen der Definitionsmenge unterschiedliche Zuordnungsvorschriften vorgegeben sind.

1. Fall: $a \leq 1$ und $a + h \leq 1$, d. h. $h < 0$

$$d_a: h \to d_a(h) = \frac{3(a+h)^2 - 3a^2}{h} = \frac{6 * a * h + 3 * h^2}{h} = 6 * a + 3 * h \quad \text{für } h < 0$$

Für a = 1 gilt: $d_1: h \to 6 + 3 * h \qquad h < 0$

2. Fall: $1 \leq a$ und $1 \leq a + h$, d. h. $0 < h$

$$d_a: h \to d_a(h) = \frac{-(a+h) + 4 - [-a + 4]}{h} = \frac{-h}{h} = -1 \quad \text{für } 0 < h$$

Für a = 1 gilt: $d_1: h \to -1 \qquad 0 < h$

c)

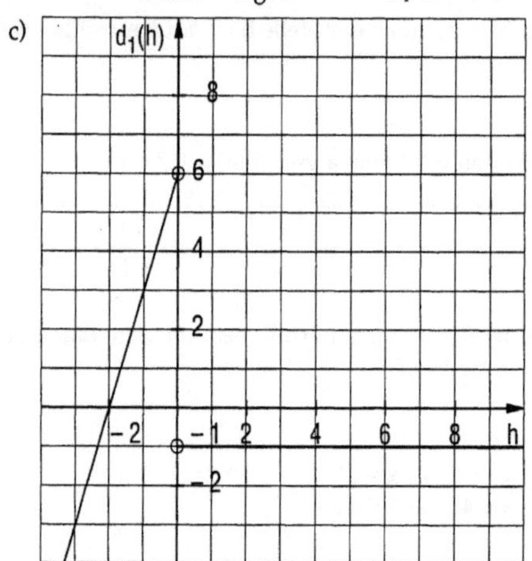

Abbildung 9: Der Graph einer Differenzenquotientenfunktion an einer Stelle a

d) Der Grenzwert der Differenzenquotientenfunktion d_a für h gegen 0 existiert nicht. Es gibt keine Funktion $\overline{d}_a: h \to \overline{d}_a(h)$, deren Graph für $h \neq 0$ mit dem Graph von d_a übereinstimmt, an der Stelle $h = 0$ definiert ist und in einer beliebig kleinen Umgebung $]h - \varepsilon, h + \varepsilon[$ $(\varepsilon > 0)$ von $h = 0$ eine durchgehende Linie ist.
Die Funktion f besitzt demzufolge an der Stelle a = 1 keine erste Ableitung.

Aus dem Graph der Funktion f ist bereits ersichtlich, daß die Funktion f an der Stelle a = 1 keine erste Ableitung besitzt. Für $h < 0$ nähern sich die durchschnittlichen Steigungen $m_{[1,1+h]}$ des Graphen der Funktion für $h \to 0$ der Steigung „6". Für $0 < h$ betragen die durchschnittlichen Steigungen $m_{[1,1+h]}$ des Graphen der Funktion „–1".
Der Graph der Funktion f hat an der Stelle a = 1 eine „Ecke". Daraus kann geschlußfolgert werden, daß f an der Stelle a = 1 keine 1. Ableitung besitzt.

Eine Funktion f heißt an der Stelle $a \in D$ differenzierbar genau dann, wenn

$$\lim_{h \to 0} \frac{f(a+h) - f(a)}{h} \text{ existiert.}$$

Eine Funktion f heißt differenzierbar genau dann, wenn f an jeder Stelle a ihrer Definitionsmenge differenzierbar ist.

Definition

Die Funktion $f: x \to 0{,}1 * x^2 + 1$ ist differenzierbar, da sie an jeder Stelle ihrer Definitionsmenge differenzierbar ist.

Die Funktion $f: x \to \begin{cases} 3 * x^2 & \text{für } x \leq 1 \\ -x + 4 & \text{für } 1 \leq x \end{cases}$ ist nicht differenzierbar, da sie an der Stelle a = 1 ihrer Definitionsmenge nicht differenzierbar ist. Sie ist an der Stelle a = 1 nicht differenzierbar, da die zugehörige Differenzenquotientenfunktion d_1 für $h \to 0$ keinen Grenzwert besitzt.

In einem Unternehmen wird die Größe x als Ursache und die Größe f(x) als Wirkung betrachtet. Durch umfangreiche Untersuchungen hat sich herausgestellt, daß der Zusammenhang zwischen x und f(x) annähernd durch eine Zuordnungsvorschrift $f: x \to f(x)$ widerspiegelt werden kann. Ist f eine Funktion, die für eine bestimmte Ursache a differenzierbar ist, so gilt: Wenn die Ursache a um einen gegen Null gehenden Betrag h variiert wird, dann strebt $\frac{f(a+h) - f(a)}{h}$ gegen einen festen Wert f(a), d. h. die Änderung der Wirkung pro 1 Einheit Änderung der Ursache nimmt für gegen Null strebende Werte von h einen festen Wert an. In einer beliebig kleinen Umgebung von a verläuft der Prozeß im Unternehmen ohne Sprünge und ohne plötzliche Änderungen.

Aufgaben zur Selbstüberprüfung:

4. Gegeben ist die Funktion

$$f: x \to \begin{cases} -4x - 1 & \text{für } x \leq -1 \\ 2 * x^2 + 1 & \text{für } -1 \leq x \end{cases}$$

a) Zeichnen Sie den Graph der Funktion f.

b) Ermitteln Sie die Bildungsvorschrift der Differenzenquotientenfunktion von f an einer beliebigen Stelle $a \in$ IR.

c) Untersuchen Sie die Funktion f auf Differenzierbarkeit an den Stellen a = –2, a = –1 und a = 3.
Geben Sie gegebenenfalls die 1. Ableitung der Funktion f an den Stellen a an.

d) Zeichnen Sie den Graphen der Differenzenquotientenfunktion an der Stelle a = –1.

e) Ist die Funktion f differenzierbar? Begründen Sie Ihre Antwort.

5. Gegeben ist die Funktion $f: x \to \frac{1}{x}$

a) Geben Sie die Definitionsmenge D der Funktion f an.

b) Bilden Sie die Differenzenquotientenfunktion von f an einer Stelle $a \in D$.

c) Untersuchen Sie die Funktion f auf Differenzierbarkeit an der Stelle a = 0. Geben Sie gegebenenfalls den Grenzwert der Differenzenquotientenfunktion an der Stelle a an.

d) Ist die Funktion f differenzierbar? Begründen Sie Ihre Antwort.

3. Ableitungsfunktionen und Tangentenfunktionen

Lernziele:

Sie können die erste Ableitung einer beliebigen ganzrationalen Funktion an einer Stelle berechnen. Zu einer vorgegebenen Funktion können Sie die Zuordnungsvorschrift der zugehörigen Ableitungsfunktion angeben. Die erste Ableitung einer Funktion an einer Stelle können Sie nutzen, um die Gleichung der Tangentenfunktion aufzustellen.

Sollen Ursache-Wirkungs-Zusammenhänge in einem Unternehmen durch mathematische Funktionen widergespiegelt werden, so müssen sehr viele Annahmen vorgegeben werden, die die Realität stark vereinfachen. Für die betriebswirtschaftliche Praxis sind neben ganzrationalen Funktionen auch gebrochenrationale Funktionen und teilweise auch nichtrationale Funktionen von Interesse.

Vor der detaillierten Auswirkung der Materialien ist die Untersuchung eines funktionalen Zusammenhanges $f: x \to f(x)$ auf Differenzierbarkeit von Interesse. Daraus kann man Aufschluß darüber erhalten, ob der betriebswirtschaftliche Prozeß in seiner Gesamtheit kontinuierlich verläuft oder ob er durch plötzliche Strategieänderungen gekennzeichnet ist.

Definiton

Eine Funktion f heißt ganzrationale Funktion vom Grade n, $n \in IN$, $n > 0$ genau dann, wenn

$f: x \to a_n x^n + a_{n-1} x^{n-1} + \ldots + a_2 x^2 + a_1 x + a_0$ für $a_n \in IR$, $a_{n-1} \in IR, \ldots, a_1 \in IR$, $a_0 \in IR$, $n \in IN \setminus \{0\}$

Für eine beliebige Stelle $a \in IR$ soll jetzt ohne Beweis die erste Ableitung angegeben werden.

Für alle ganzrationalen Funktionen f vom Grade n und für alle $a \in IR$ gilt:

$$f'(a) = n * a_n * x^{n-1} + (n-1) * a_{n-1} * x^{n-2} + \ldots + 3 * a_3 * x^2 + 2 * a_2 * x^1 + a_1 + 0$$

Beispiel:
Bilden Sie die ersten Ableitungen der folgenden Funktionen an einer beliebigen Stelle $a \in IR$:

$f_1: x \to f_1(x) = 3$ $\quad f_2: x \to f_2(x) = 5x$ $\quad f_3: x \to f_3(x) = 7x^2 + 6x + 5$

$f_4: x \to f_4(x) = 8x^3 + 9x^2 + 21x + 96$ $\quad f_5: x \to f_5(x) = 9x^4 + 4x^3 + 112x^2$

Lösung:
$f'_1(a) = 0$ $\quad f'_2(a) = 5$ $\quad f'_3(a) = 14a + 6$

$f'_4(a) = 24a^2 + 18a + 21$ $\quad f'_5(a) = 36a^3 + 12a^2 + 224a$

Potenzfunktion ableiten

Die erste Ableitung der Potenzfunktion $f: x \to x^n$ an der Stelle a wird gebildet, indem der Exponent n als Faktor vor den Ausdruck gesetzt und gleichzeitig der Exponent um 1 verringert wird.

Wenn $f(x) = x^n$, dann $f'(a) = n * a^{n-1}$

Da jedem $a \in D$ genau eine erste Ableitung von f an der Stelle a zugeordnet wird, kann eine neue Funktion definiert werden.

Definition

> Gegeben ist eine differenzierbare Funktion f mit der Definitionsmenge D. Eine Funktion f' heißt Ableitungsfunktion zu der Funktion f genau dann, wenn
>
> $f': x \to f'(x)$ für alle $x \in D$

Beispiel:
Bilden Sie zu der Funktion $f: x \to f(x) = 5x^{10} + 7x^8 - 15x^4 - 1\,095$ die Ableitungsfunktion.

Lösung: $f'(a) = 50a^9 + 56a^7 - 60a^3$
$f': x \to f'(x) = 50x^9 + 56x^7 - 60x^3$

Ableitungsfunktion

Soll die Ableitungsfunktion zu einer beliebigen differenzierbaren Funktion gebildet werden, so muß zunächst die erste Ableitung der Funktion an einer beliebigen Stelle a aus der Definitionsmenge der Funktion ermittelt werden. Das folgende Beispiel zeigt die einzelnen Schritte zur Ermittlung der Ableitungsfunktion.

Beispiel:
Gegeben ist die Funktion $f: x \to f(x) = \sqrt{x}$ für $x \geq 0$.
Ermitteln Sie die Ableitungsfunktion der Funktion f.

Lösung:

1. Schritt Ermittlung der Differenzenquotientenfunktion d_a der Funktion f an einer beliebigen Stelle $a \in D$:

$$d_a: h \to d_a(h) = \frac{f(a+h) - f(a)}{h} = \frac{\sqrt{a+h} - \sqrt{a}}{h} \quad \text{für } h \neq 0 \text{ und } a + h \in D.$$

2. Schritt Überprüfung, ob der Grenzwert der Differenzenquotientenfunktion für $h \to 0$ existiert.

Erweiterungsfaktor

Der Quotient $d_a(h)$ muß so umgeformt werden, daß ein Term entsteht, in den für $h = 0$ eingesetzt werden kann. In diesem speziellen Falle führt eine Erweiterung des Quotienten zum Ziel. Der Erweiterungsfaktor ist so zu wählen, daß im Zähler die zweite binomische Formel angewandt werden kann.

$$d_a(h) = \frac{(\sqrt{a+h} - \sqrt{a})(\sqrt{a+h} + \sqrt{a})}{h(\sqrt{a+h} + \sqrt{a})} = \frac{(\sqrt{a+h})^2 - (\sqrt{a})^2}{h(\sqrt{a+h} + \sqrt{a})} = \frac{a+h-a}{h(\sqrt{a+h} + \sqrt{a})} \quad \text{für } h \neq 0$$

$$d_a(h) = \frac{h}{h(\sqrt{a+h} + \sqrt{a})} \quad \text{für } h \neq 0$$

$$d_a(h) = \frac{1}{\sqrt{a+h} + \sqrt{a}} \quad \text{für } h \neq 0$$

$$\bar{d}_a(h) = \begin{cases} \dfrac{1}{\sqrt{a+h} + \sqrt{a}} & \text{für } h \neq 0 \\ \dfrac{1}{2\sqrt{a}} & \text{für } h = 0 \text{ und } a > 0 \end{cases}$$

Der Grenzwert der Differenzenquotientenfunktion existiert für alle $a > 0$, da die Funktion $\bar{d}_a$ für alle $h \in IR$ und $a > 0$ definiert ist und der Graph in einer beliebig kleinen Umgebung von $h = 0$ eine durchgehende Linie ist.

3. Schritt Ermittlung der ersten Ableitung von f an einer beliebigen Stelle $a \in D$:

$$f'(a) = \lim_{h \to 0} \frac{f(a+h) - f(a)}{h} = \bar{d}_a(0) = \frac{1}{2\sqrt{a}} \qquad \text{für } a > 0$$

Beachten Sie, daß die Wurzelfunktion an der Stelle $a = 0$ zwar definiert ist, aber hier keine erste Ableitung besitzt.

4. Schritt Die Ableitungsfunktion wird gebildet, indem jedes $a \in D$ und $a > 0$ durch x ersetzt wird.

$$f': x \to f'(x) = \frac{1}{2\sqrt{x}} \qquad \text{für } x \in IR \text{ und } x > 0$$

Tangente an den Graph einer Funktion

In Abschnitt 1.1 wurden Steigungsdreiecke an den Graphen einer Funktion an einer bestimmten Stelle gezeichnet, um die lokale Steigung des Graphen der Funktion in einem Punkt ermitteln zu können. Die Hypotenuse eines Steigungsdreieckes muß den Graphen der Funktion in einem Punkt P(a/f(a)) stets berühren. Analog zu dem Begriff der Tangente an einen Kreis wird eine Gerade, die den Graphen einer Funktion in einem Punkt P berührt, „Tangente" an die Kurve im Punkt P genannt. Die Tangente in einem Punkt P des Graphen von f kann den Graphen in diesem Punkt auch schneiden (vergleiche Abbildung 1 Punkt R). Die Tangente an den Graph einer Funktion im Punkt (a/f(a)) ist eine Gerade mit dem Anstieg f'(a). Für die Gleichung der Tangente t im Punkt (a/f(a)) gilt somit:

$$t_a(x) = m * x + n = f'(a) * x + n$$

Der Schnittpunkt (0/n) der Tangente mit der senkrechten Achse kann berechnet werden, indem

$$x = a \quad \text{und} \quad t_a(a) = f(a)$$

gesetzt wird, da ja der Berührungspunkt der Tangente (a/f(a)) sowohl Punkt des Graphen von f als auch Punkt der Tangente ist.

Somit ergibt sich für n:

$$f(a) = f'(a) * a + n \quad \text{bzw.} \quad n = f(a) - f'(a) * a.$$

Die Gleichung der Tangente lautet somit:

$$t_a(x) = f'(a) * x + f(a) - f'(a) * a = f'(a) * (x - a) + f(a)$$

Die Funktion, die jedem $x \in D$ eindeutig ein $t_a(x)$ zuordnet, wird als Tangentenfunktion der differenzierbaren Funktion f an der Stelle $a \in D$ bezeichnet.

$$t_a: x \to t_a(x) = f(a) + f'(a)(x - a)$$

Beispiel:
Gegeben ist die Funktion $f: x \to f(x) = 0{,}5 * x^2 + 1$.

a) Zeichnen Sie den Graph von f in ein Koordinatensystem.

b) Geben Sie die Zuordnungsvorschrift der Ableitungsfunktion f' von f an.

c) Zeichnen Sie den Graph der Ableitungsfunktion von f in das gleiche Koordinatensystem.

d) Geben Sie die Zuordnungsvorschrift der Tangentenfunktion an einer beliebigen Stelle $a \in IR$ und an der Stelle $a = -1$ an.

e) Zeichnen Sie den Graph der Tangentenfunktion an der Stelle $a = -1$.

Lösung:

Zu a), c), e) siehe Abbildung 10.

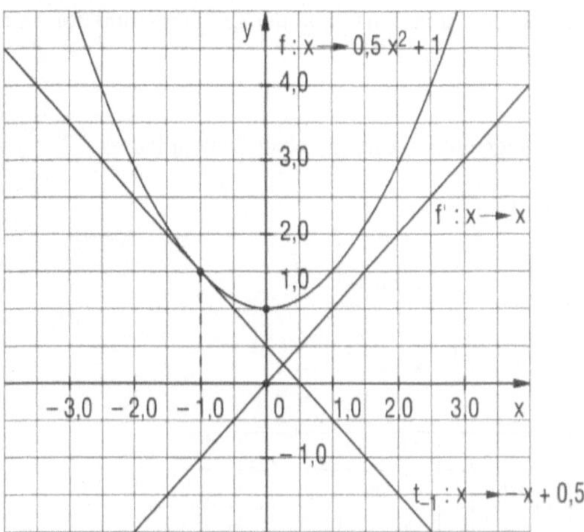

Abbildung 10: Die Graphen einer Funktion f, der Ableitungsfunktion f' und der Tangentenfunktion t_{-1} an der Stelle a = –1

b) $f' : x \to f'(x) = 2 * 0{,}5 * x = x$

d) $t_a : x \to t_a(x) = 0{,}5 * a^2 + 1 + a * (x - a)$

$t_{-1}: x \to t_1(x) = 0{,}5 + 1 - 1(x + 1) = x + 0{,}5$

Tangentenfunktion

Es soll nun gezeigt werden, daß die Tangentenfunktion t_a in einer beliebig kleinen Umgebung [a – h, a + h] (für h > 0) von a ein sehr guter Ersatz für die Funktion f ist. Für die Differenz der Funktionsgleichungen von f und t_a gilt:

$$f(x) - t_a(x) = f(x) - |f(a) + f'(a) * (x - a)| = \frac{f(x) - f(a)}{x - a} * (x - a) - f'(a) * (x - a)$$

$$f(x) - t_a(x) = \left|\frac{f(x) - f(a)}{x - a} - f'(a)\right| * (x - a)$$

Die Differenz $f(x) - t_a(x)$ soll in einer beliebig kleinen Umgebung der Stelle a untersucht werden. Um diesen Sachverhalt zu verdeutlichen, setzen wir für x = a + h und h → 0.

$$f(a + h) - t_a(a + h) = \left|\frac{f(a + h) - f(a)}{h} - f'(a)\right| * h \qquad \text{für } h \neq 0 \text{ und } h \to 0$$

Ist f differenzierbar an der Stelle a, dann strebt für h → 0 die Differenzenquotientenfunktion d_a gegen f'(a), so daß in der Produktdarstellung sowohl der erste Faktor als auch der zweite Faktor dem Betrage nach sehr klein sind. Somit strebt $[f(a + h) - t_a(a + h)]$ gegen 0 für h → 0.

Für die Widerspiegelung betriebswirtschaftlicher Prozesse besitzt die Tangentenfunktion eine besondere Bedeutung. Wird der betriebswirtschaftliche Prozeß durch eine nichtlineare Funktion angenähert, so liefert die Tangentenfunktion für eine Ursache a einen sehr guten Ersatz für den Verlauf der Funktion in einer kleinen Umgebung von a. Notwendige Berechnungen können mit Hilfe der linearen Ersatzfunktion durchgeführt werden.

Beispiel:
Gegeben ist die Funktion $f: x \to f(x) = \sqrt{x}$ für $x \geq 0$.
Bilden Sie die Tangentenfunktion an einer beliebigen Stelle $a > 0$. Setzen Sie dann für $a = 4$ ein.
Zeichnen Sie den Graph der Funktion f und den Graph der Tangentenfunktion an der Stelle $a = 4$.

Lösung:
Die Zuordnungsvorschrift der Tangentenfunktion an einer Stelle a lautet:

$$t_a: x \to t_a(x) = f'(a) * x + f(a) - f'(a) * a$$

$$t_a: x \to t_a(x) = \frac{1}{2\sqrt{a}} * x + \sqrt{a} - \frac{1}{2\sqrt{a}} * a \qquad \text{für } a > 0$$

$$t_4: x \to t_4(x) = \frac{1}{2\sqrt{4}} * x + \sqrt{4} - \frac{1}{2\sqrt{4}} * 4 = \frac{1}{4} * x + 1$$

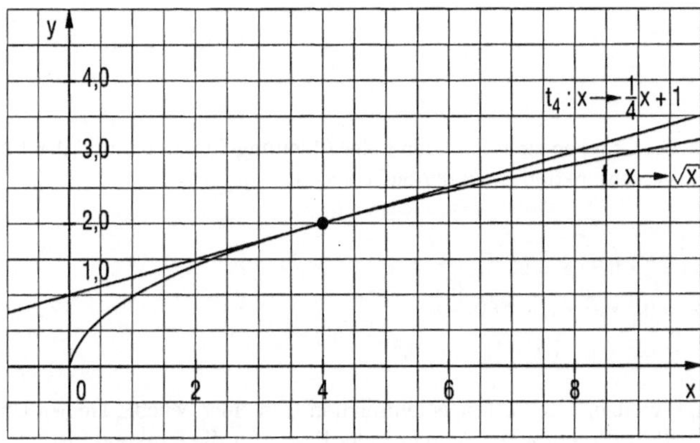

Abbildung 11: Die Graphen der Wurzelfunktion und ihrer Tangentenfunktion an der Stelle a = 4

Aufgaben zur Selbstüberprüfung:

6. Gegeben ist die Funktion $f: x \to f(x) = \frac{1}{x}$ für $x \neq 0$.
   a) Geben Sie die Zuordnungsvorschrift der Ableitungsfunktion f' von f an.
   b) Geben Sie die Zuordnungsvorschrift der Tangentenfunktion t_a zu f an einer beliebigen Stelle $a \in D$ an. Setzen Sie für $a = 1$ oder $a = -1$ ein.
   c) Zeichnen Sie die Graphen von f, t_1 und t_{-1}.

4. Lokale Eigenschaften differenzierbarer Funktionen

Lernziele:

> Sie können die erste Ableitung einer Funktion an einer Stelle a nutzen, um Aussagen über den Graphen der Funktion in einer beliebig kleinen Umgebung der Stelle a abzuleiten.

Differenzen-quotient

Der **Differenzenquotient** $d_a(h)$ einer Funktion f an einer Stelle a gibt die **durchschnittliche Änderungsrate** oder, geometrisch formuliert, die **durchschnittliche Steigung** der Funktion f auf dem Intervall [a + h, a] (h < 0) bzw. [a, a + h] (0 < h) an.

Wenn die Funktion f an der Stelle a differenzierbar ist, d. h. $f'(a) = \lim\limits_{h \to 0} \frac{f(a+h) - f(a)}{h}$ existiert, dann gibt f'(a) die lokale Änderungsrate von f, oder geometrisch formuliert, die lokale Steigung von f an der Stelle a an. Da die Differenzierbarkeit einer Funktion f an einer Stelle a eine lokale Eigenschaft der Funktion ist, können aus ihr nur Aussagen über die Funktion in einer beliebig kleinen Umgebung der Stelle a abgeleitet werden.

Welche Aussagen lassen sich über den Funktionsgraphen von f ableiten, wenn f'(a) bekannt ist?

Beispiel:
Von den Funktionen f, g und h sind die ersten Ableitungen an einer gegebenen Stelle a bekannt. Zeichnen Sie die gegebenen Daten in ein rechtwinkliges Koordinatensystem. Skizzieren Sie unterschiedliche Varianten für den Verlauf des Graphen jeder der drei Funktionen in einer beliebig kleinen Umgebung der Stelle a.

a) $a = -3$ $\quad f'(a) = 1$ $\qquad$ b) $a = 3$ $\quad g'(a) = -1$ $\qquad$ c) $a = 7$ $\quad h'(a) = 0$

a) Wenn die erste Ableitung einer Funktion f an der Stelle a positiv ist, dann gibt es die in Abbildung 12 dargestellten 5 Fälle f_1, f_2, f_3, f_4 und f_5 für den Verlauf des Graphen der Funktion in einer Umgebung [a – h, a + h] für h → 0 und 0 < h (h ist eine bliebig kleine positive reelle Zahl). In Fall 1 stimmt der Graph von f_1 mit dem Tangentenabschnitt in der Umgebung von a überein, d. h., f_1 ist in einer Umgebung von a eine lineare Funktion.

   In allen fünf Fällen gilt für alle $x_1 \in [a - h, a + h]$ und $x_2 \in [a - h, a + h]$:

   Wenn $x_1 < x_2$, dann $f(x_1) < f(x_2)$.

   Die Funktionen f sind demzufolge in einer beliebig kleinen Umgebung von a streng monoton wachsend.

b) Wenn die erste Ableitung einer Funktion g an der Stelle a negativ ist, dann gibt es die in Abbildung 12 dargestellten 5 Fälle g_1, g_2, g_3, g_4 und g_5 für den Verlauf des Graphen der Funktion in einer Umgebung [a – h, a + h] für h → 0 und 0 < h (h ist eine beliebig kleine positive reelle Zahl). In Fall 1 stimmt der Graph von g_1 mit dem Tangentenabschnitt in einer Umgebung von a überein, d. h., g_1 ist in einer Umgebung von a eine lineare Funktion.

   In allen fünf Fällen gilt für alle $x_1 \in [a - h, a + h]$ und $x_2 \in [a - h, a + h]$:

   Wenn $x_1 < x_2$, dann $f(x_2) < f(x_1)$.

Die Funktionen g sind demzufolge in einer beliebig kleinen Umgebung von a streng monoton fallend.

c) Wenn $f'(a) = 0$, dann kann keine Aussage über das Monotonieverhalten der Funktion in einer beliebig kleinen Umgebung von a formuliert werden. Die Funktion h_1 ist in einer beliebig kleinen Umgebung der Stelle a eine lineare Funktion. Die Funktion h_2 besitzt an der Stelle a einen kleinsten Funktionswert. In einer linksseitigen Umgebung $[a - h, a]$ $(0 < h)$ der Stelle a ist sie streng monoton fallend und in einer rechtsseitigen Umgebung $[a, a + h]$ $(0 < h)$ ist sie streng monoton wachsend. Die Funktion h_3 ist in einer beliebig kleinen Umgebung der Stelle a streng monoton wachsend.

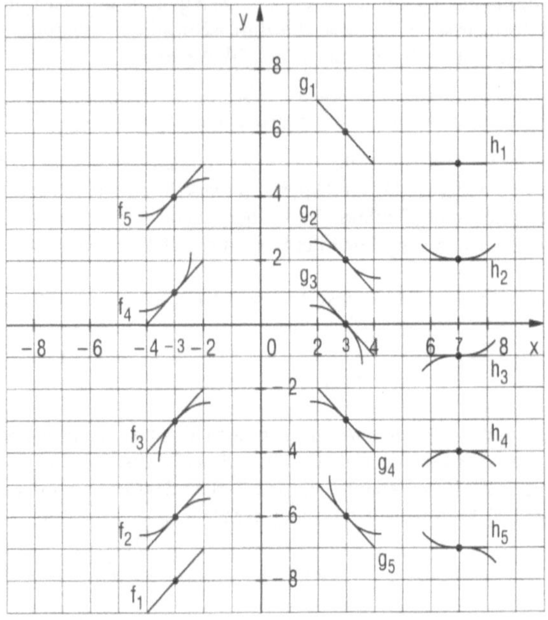

Abbildung 12: Lokales Verhalten des Graphen einer Funktion bei bekannter erster Ableitung

In Abbildung 12 wird die Bedeutung der Differenzierbarkeit einer Funktion an einer Stelle a für die Betriebswirtschaft deutlich. Kann ein Ursache-Wirkungs-Zusammenhang durch eine differenzierbare Funktion widergespiegelt werden und ist bekannt, daß die erste Ableitung der Funktion an der Stelle a positiv ist, so kann geschlußfolgert werden:

Wenn die Ursache einen Wert a annimmt und der Wert vergrößert wird, dann führt das zu einer Vergrößerung der Wirkung.

Dieses Beispiel soll verallgemeinert werden. Zunächst geben wir den lokalen Wachstumssatz ohne Beweis an.

Lokaler Wachstumssatz

Für alle an der Stelle a differenzierbaren Funktionen gilt:

1. Fall: Wenn $f'(a) < 0$,
dann gibt es eine Umgebung $[a - h, a + h]$ $(0 < h)$ von a, so daß für alle $x_1 \in [a - h, a + h] \cap D$ und $x_2 \in [a - h, a + h] \cap D$ gilt:
aus $x_1 < x_2$ folgt $f(x_2) < f(x_1)$.
Die Funktion ist in $[a - h, a + h]$ **streng monoton fallend**.

2. Fall: Wenn $0 < f'(a)$,
dann gibt es eine Umgebung $[a - h, a + h]$ $(0 < h)$ von a, so daß für alle $x_1 \in [a - h, a + h] \cap D$ und $x_2 \in [a - h, a + h] \cap D$ gilt:
aus $x_1 < x_2$ folgt $f(x_1) < f(x_2)$.
Die Funktion ist in $[a - h, a + h]$ **streng monoton wachsend.**

Beispiel:
In Abbildung 2 des Abschnittes 1.2 ist das s-t-Diagramm eines Kraftfahrzeuges im Stadtverkehr dargestellt. Die Funktion s: $t \to s(t)$ hat die folgende Funktionsgleichung:

$$s(t) = \frac{1}{120} x^4 - \frac{2}{15} x^3 + \frac{3}{5} x^2 \quad \text{für } 0 \leq x$$

Bilden Sie die Ableitungsfunktion s′ zu der Funktion s. Untersuchen Sie das Monotonieverhalten der Funktion s in beliebig kleinen Umgebungen der Stellen

$x = 0{,}5$; $p = 2{,}5$; $q = 8$; $r = 6$.

Welche praktische Bedeutung besitzen die Funktionswerte s′(6) und s′(8)?

Lösung: $s': t \to s'(t)$ für $0 \leq t$

$$s'(t) = \frac{1}{30} t^3 - \frac{2}{5} t^2 + \frac{6}{5} t \quad \text{für } 0 \leq t$$

$$s'(t) = \frac{1}{30} t * (t^2 - 12t + 36) = \frac{1}{30} t * (t - 6)^2 \quad \text{für } 0 \leq t$$

Aus der Darstellung der ersten Ableitung in Produktform kann gefolgert werden, daß

$0 \leq s'(t)$ für alle $0 \leq t$.

Aus $s'(0{,}5) \approx 0{,}5$ folgt s in $[0{,}5 - h,\ 0{,}5 + h]$ streng monoton wachsend.
Aus $s'(2{,}5) \approx 1{,}02$ folgt s in $[2{,}5 - h,\ 2{,}5 + h]$ streng monoton wachsend.
Aus $s'(8) \approx 1{,}067$ folgt s in $[8 - h,\ 8 + h]$ streng monoton wachsend.

Aus $s'(6) = 0$ kann keine Schlußfolgerung auf das Monotonieverhalten von s in $[6 - h, 6 + h]$ gezogen werden. Da aber außerdem für beliebig kleine h gilt:

$0 < s'(6 - h)$ und $0 < s'(6 + h)$ (für h in der Nähe von Null)

ist nachgewiesen, daß s in $[6 - h, 6 + h]$ streng monoton wachsend ist.

Die erste Ableitung der Weg-Zeit-Funktion s: $t \to s(t)$ an einer Stelle a gibt die momentane Geschwindigkeit an, mit der der Kraftfahrer zum Zeitpunkt $t = a$ fährt.

Für alle auf einem Intervall [a, b] differenzierbaren Funktionen gilt:

Wenn für alle $x \in [a,b]$ gilt: $0 < f'(x)$, dann ist f auf [a, b] streng monoton wachsend.
Wenn für alle $x \in [a,b]$ gilt: $f'(x) < 0$, dann ist f auf [a, b] streng monoton fallend.

Die Funktion s aus obigem Beispiel ist somit im offenen Intervall]0,6[streng monoton wachsend und im offenen Intervall]6, + ∞[streng monoton wachsend. Sie ist sogar für alle $0 \leq t$ streng monoton wachsend, da für alle $0 \leq t_1 < t_2$ gilt: $s(t_1) < s(t_2)$.

Monotonieverhalten

Wenn die erste Ableitung einer Funktion an einer Stelle a größer oder kleiner als Null ist, dann können wir eine Aussage über das lokale Verhalten der Funktion, d. h. über das Monotonieverhalten in einer beliebig kleinen Umgebung der Stelle a, ableiten.

Ist die erste Ableitung einer Funktion an einer Stelle a gleich Null, so können fünf verschiedene Fälle für das lokale Verhalten auftreten. Es soll nun untersucht werden, in welchem Falle die Funktion an der Stelle a einen größten oder einen kleinsten Funktionswert besitzt.

Definition

Eine Funktion f: $x \to f(x)$, $x \in D$ besitzt an der Stelle $x_{max} \in D$ ein **lokales Maximum** genau dann, wenn es eine Umgebung $[x_{max} - h, x_{max} + h]$ $(0 < h)$ gibt, so daß für alle $x \in [x_{max} - h, x_{max} + h] \cap D$ gilt: $f(x) \le f(x_{max})$.

Eine Funktion f: $x \to f(x)$, $x \in D$ besitzt an der Stelle $x_{min} \in D$ ein **lokales Minimum** genau dann, wenn es eine Umgebung $[x_{min} - h, x_{min} + h]$ $(0 < h)$ gibt, so daß für alle $x \in [x_{min} - h, x_{min} + h] \cap D$ gilt: $f(x_{min}) \le f(x)$.

Bezeichnungen

x_{max}:	lokale Maximumstelle
$f(x_{max})$:	lokales Maximum
x_{min}:	lokale Minimumstelle
$f(x_{min})$:	lokales Minimum
x_{max}, x_{min}:	lokale Extremwertstellen
$f(x_{max}), f(x_{min})$:	lokale Extrema

Aus dem lokalen Wachstumssatz kann der folgende Satz abgeleitet werden, durch den eine notwendige Bedingung für die Existenz lokaler Extremwertstellen angegeben wird.

Für alle an einer Stelle a differenzierbaren Funktionen f gilt:
Wenn die Funktion f an der Stelle a ein lokales Extremum besitzt, dann ist die erste Ableitung von f an der Stelle a gleich Null ($f'(a) = 0$).

Wie Sie aus dem Studientext „Algebraische Grundlagen" wissen, ist der Satz ebenfalls wahr, wenn er folgendermaßen formuliert wird:

Für alle an einer Stelle a differenzierbaren Funktionen f gilt:
Wenn $f'(a) \neq 0$, dann besitzt die Funktion f an der Stelle a kein lokales Extremum.

Aus dieser Formulierung wird deutlich, daß $f'(a) = 0$ eine notwendige Bedingung für die Existenz lokaler Extrema an der Stelle a ist. Wie Sie an der Funktion h in Abbildung 12 sehen können, ist die Bedingung $h'(a) = 0$ keine hinreichende Bedingung für die Existenz lokaler Extrema an der Stelle a.

Beispiel:
In drei verschiedenen Unternehmen werden die ablaufenden Prozesse mit Hilfe mathematischer Methoden untersucht. Die Ursache-Wirkungs-Zusammenhänge werden durch drei verschiedene Funktionen dritten Grades widergespiegelt. Sie werden beauftragt, diese Funktionen genau zu analysieren.

Bilden Sie zu jeder Funktion die Ableitungsfunktion und zeichnen Sie die zugehörigen Graphen. Gegeben sind drei verschiedene Funktionen dritten Grades. Bilden Sie jeweils die Ableitungsfunktion und zeichnen Sie die zugehörigen Graphen. Ermitteln Sie die Extremwertstellen und entscheiden Sie, ob es sich um ein lokales Maximum oder ein lokales Minimum handelt. Skizzieren Sie die Graphen der gegebenen Funktionen.

a) f: $x \to f(x) = x^3 - 3x^2$ b) g: $x \to g(x) = x^3 - 3x^2 + 6x$ c) h: $x \to h(x) = x^3 - 3x^2 + 3x$

Lösung:

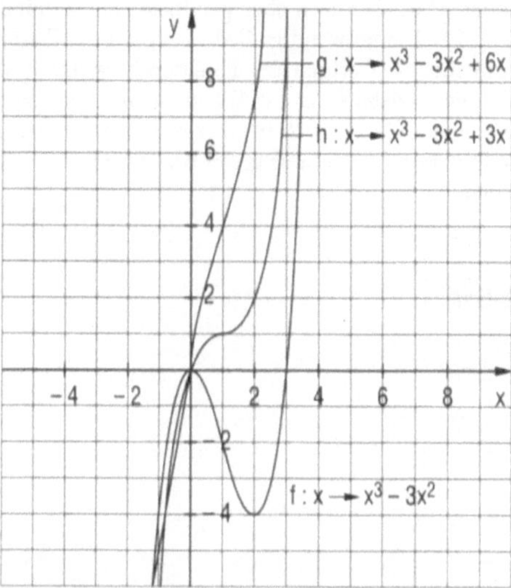

Abbildung 13: Die Graphen von Funktionen dritten Grades

a) $f'(x) = 3x^2 - 6x = 3x(x - 2)$ $\quad f'(x) = 0$ $\quad$ genau dann, wenn $\quad x = 0$ oder $x = 2$

Um den Graphen der Ableitungsfunktion zeichnen zu können, ist es zweckmäßig, die Gleichung in die Scheitelpunktform zu überführen.

Scheitelpunktform: $f'(x) = 3(x^2 - 2x) = 3(x - 1)^2 - 3$

Der Graph der Ableitungsfunktion f' ist eine nach oben geöffnete Parabel mit den beiden Nullstellen $x = 0$ und $x = 6$ (siehe Abbildung 14). Im Intervall $]0,6[$ sind die Funktionswerte von f' negativ und in den Intervallen $]-\infty, 0[$ oder $]0, +\infty[$ sind die Funktionswerte von f' positiv.

Die Funktion f kann nur an den Stellen $x = 0$ oder $x = 6$ lokale Extremwertstellen besitzen. Es sind die Umgebungen $[0 - h, 0 + h]$ bzw. $[6 - h, 6 + h]$ (h ist eine beliebig kleine positive reelle Zahl) zu untersuchen.

$f'(0 - h) > 0$, $\quad$ da der Faktor $x < 0$ $\quad$ und der Faktor $(x - 6) < 0$.
$f'(0 + h) < 0$, $\quad$ da der Faktor $x > 0$ $\quad$ und der Faktor $(x - 6) < 0$.

Daraus folgt, daß $x = 0$ eine lokale Maximumstelle ist.

$f'(6 - h) < 0$, $\quad$ da der Faktor $x > 0$ $\quad$ und der Faktor $(x - 6) < 0$.
$f'(6 + h) > 0$, $\quad$ da der Faktor $x > 0$ $\quad$ und der Faktor $(x - 6) > 0$.

Daraus folgt, daß $x = 6$ eine lokale Minimumstelle ist.

b) $g'(x) = 3x^2 - 6x + 6 = 3(x^2 - 2x + 2) = 3(x - 1)^2 + 3 > 0$ $\quad$ für alle $x \in IR$.

Der Graph der Ableitungsfunktion g' ist eine nach oben geöffnete Parabel, die keine Nullstellen besitzt (siehe Abbildung 14). Aus diesem Grunde gibt es keine Stelle, für die die notwendige Bedingung für die Existenz lokaler Extremwertstellen erfüllt ist. Die Funktion g ist in der Menge der reellen Zahlen streng monoton wachsend.

c) $h'(x) = 3x^2 - 6x + 3 = 3(x^2 - 2x + 1) = 3(x - 1)^2$ $h'(x) = 0$ genau dann, wenn $x = 1$

Der Graph der Ableitungsfunktion h′ ist eine nach oben geöffnete Parabel mit der Nullstelle $x = 1$ (siehe Abbildung 14). Die notwendige Bedingung für die Existenz lokaler Extremwertstellen ist nur für $x = 1$ erfüllt. Die Funktion h besitzt an der Stelle $x = 1$ aber keine lokale Extremwertstelle, da die Ableitungsfunktion sowohl in einer linksseitigen Umgebung von $x = 1$ als auch in einer rechtsseitigen Umgebung von $x = 1$ positiv ist. Die Funktion f ist auf der gesamten Menge der reellen Zahlen streng monoton wachsend.

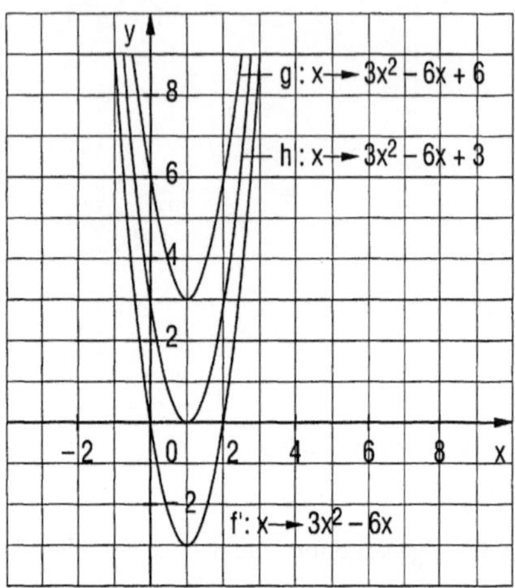

Abbildung 14: Die Graphen der Ableitungsfunktionen f′, g′ und h′ von Funktionen f, g und h dritten Grades

Eine hinreichende Bedingung für die Existenz lokaler Extrema an einer Stelle a soll jetzt formuliert werden.

Für alle an einer Stelle a differenzierbaren Funktionen f gilt:

Lokales Maximum

Wenn (1) $f'(a) = 0$ und

(2) es eine Umgebung $[a - h, a[$ $(0 < h)$ gibt, so daß für alle $x \in [a - h, a[\cap D$ gilt: $0 < f'(x)$ und

(3) es eine Umgebung $]a, a + h]$ $(0 < h)$ gibt, so daß für alle $x \in]a, a + h] \cap D$ gilt: $f'(x) < 0$,

dann besitzt f an der Stelle a ein lokales Maximum.

Lokales Minimum

Wenn (1) $f'(a) = 0$ und

(2) es eine Umgebung $[a - h, a[$ $(0 < h)$ gibt, so daß für alle $x \in [a - h, a[\cap D$ gilt: $f'(x) < 0$ und

(3) es eine Umgebung $]a, a + h]$ $(0 < h)$ gibt, so daß für alle $x \in]a, a + h][\cap D$ gilt: $0 < f'(x)$,

dann besitzt f an der Stelle a ein lokales Minimum.

Beispiel:

In Abschnitt 1.4 wurde die Funktion
$V: x \rightarrow V(x) = (10 - 2x)(10 - 2x)x = 4x^3 - 40x^2 + 100x \ (0 \leq x)$ benutzt, um das größtmögliche Volumen eines Kastens zu ermitteln. Ermitteln Sie alle lokalen Extremstellen und die zugehörigen lokalen Extrema der Funktion V.

Lösung:

V ist eine ganzrationale Funktion, so daß
$V': x \rightarrow V'(x) = 12x^2 - 80x + 100$ für $0 \leq x$

Die notwendige Bedingung für die Existenz lokaler Extremwertstellen ist erfüllt, wenn
$V'(x) = 0$ bzw. $12x^2 - 80x + 100 = 0$

Auf die Gleichung $x^2 - \frac{20}{3}x + \frac{25}{3} = 0$ kann die Lösungsformel für quadratische Gleichungen angewandt werden:

$$x_{1/2} = \frac{10}{3} \pm \sqrt{\frac{100}{9} - \frac{25}{3}} = \frac{10}{3} \pm \frac{5}{3}$$

Die notwendige Bedingung für die Existenz lokaler Extremwertstellen ist an den Stellen $x = 5/3$ oder $x = 5$ erfüllt.

Der Graph der Ableitungsfunktion V' ist eine nach oben geöffnete Parabel mit den Nullstellen $x = 5/3$ und $x = 5$.

Daraus läßt sich ableiten:

Wenn	$x < 5/3$,	dann $0 < V'(x)$.	V ist streng monoton wachsend.
Wenn	$5/3 < x < 5$,	dann $V'(x) < 0$.	V ist streng monoton fallend.
Wenn	$5 < x$,	dann $0 < V'(x)$.	V ist streng monoton wachsend.

Somit besitzt die Funktion an der Stelle $x_{max} = 5/3$ ein lokales Maximum und an der Stelle $x_{min} = 5$ ein lokales Minimum.

$V(x_{max}) = \frac{2\,000}{27}$ $\qquad$ $V(x_{min}) = 0$

Wendestelle der Funktion

Die Ableitungsfunktion $h': x \rightarrow 3x^2 - 6x + 3$ der Funktion $h: x \rightarrow h(x) = x^3 - 3x^2 + 3x$ aus obigem Beispiel hat die Nullstelle $x = 1$. An dieser Stelle besitzt die Funktion h aber keinen Extremwert. Die Stelle $x = 1$ wird als Wendestelle der Funktion f bezeichnet. Da der Anstieg der Tangente an die Funktion h im Punkt P(1, h(1)) gleich Null ist, wird der Punkt P Wendepunkt mit horizontaler Wendetangente bezeichnet.

Vorgehensweise bei der Bildung der zweiten Ableitung einer Funktion an einer Stelle:

Zweite Ableitung einer Funktion

Mit Hilfe der sogenannten zweiten Ableitung einer Funktion f an einer Stelle a können einige Schlußfolgerungen über das lokale Verhalten der Funktion f in einer beliebig kleinen Umgebung der Stelle a gezogen werden.

Gegeben ist die an jeder Stelle $a \in D$ differenzierbare Funktion $f: x \rightarrow f(x)$.

1. Schritt Bildung der Differenzenquotientenfunktion von f an einer Stelle a:

$$d_a: h \to d_a(h) = \frac{f(a+h) - f(a)}{h} \quad \text{für } h \neq 0$$

2. Schritt Bildung des Grenzwertes der Differenzenquotientenfunktion für $h \to 0$:

$$f'(a) = \lim_{h \to 0} \frac{f(a+h) - f(a)}{h}$$

3. Schritt Bildung der Ableitungsfunktion:

f': $x \to f'(x)$ für alle $x \in D$

4. Schritt Bildung der Differenzenquotientenfunktion der Funktion f' an einer Stelle a:

$$h \to \frac{f'(a+h) - f'(a)}{h} \quad \text{für } h \neq 0$$

5. Schritt Überprüfen, ob der Grenzwert der Differenzenquotientenfunktion an der Stelle a existiert. Im Falle der Existenz gilt:

$$f''(a) = \lim_{h \to 0} \frac{f'(a+h) - f'(a)}{h}$$

Bezeichnungen

$f''(a)$ wird als zweite Ableitung der Funktion f an der Stelle a bezeichnet. Die Funktion f ist an der Stelle a zweimal differenzierbar.

f'': $x \to f''(x)$ heißt Ableitungsfunktion der Funktion f', wenn f' an jeder Stelle $x \in D$ differenzierbar ist. Die Funktion f ist dann zweimal differenzierbar.

Aus der zweiten Ableitung f'' einer Funktion f an einer Stelle a können Schlußfolgerungen über das lokale Verhalten der Ableitungsfunktion f' an der Stelle a gezogen werden. Das lokale Verhalten der Ableitungsfunktion f' an der Stelle a gibt wiederum Auskunft über das lokale Verhalten der Funktion f an der Stelle a.

Beispiel:
Gegeben sind die Funktionen f, g, h aus obigem Beispiel. Bilden Sie die Ableitungsfunktionen f'', g'' und h''. Ziehen Sie Schlußfolgerungen für das lokale Verhalten von f', g', h' und f, g, h.

Lösung:

a) $f(x) = x^3 - 3x^2$ $\quad f'(x) = 3x^2 - 6x$ $\quad f''(x) = 6x - 6$

$f''(x) = 0$ gdw. $x = 1$ $\quad f''(x) < 0$ gdw. $x<1$ $\quad f''(x) > 0$ gdw. $1 < x$.

Die Funktion f' ist für $x < 1$ streng monoton fallend,
$1 < x$ streng monoton wachsend.

Krümmungsverhalten

An der Stelle $x = 1$ besitzt f' ein lokales Minimum, d. h., die Funktion f besitzt an der Stelle $x = 1$ ihren kleinsten Anstieg. Bei Annäherung an die Stelle $x = 1$ von links werden die Anstiege der Funktion f stets kleiner. Entfernt man sich von der Stelle $x = 1$ nach rechts, so werden die Anstiege der Funktion f stets größer. Das Krümmungsverhalten der Funktion f ändert sich an der Stelle $x = 1$. Die Stelle $x = 1$ wird als Wendestelle der Funktion f bezeichnet.

Durch die Nutzung der zweiten Ableitung der Funktion f an den Nullstellen der ersten Ableitung können Aussagen über die Existenz lokaler Extremstellen abgeleitet werden. Die Nullstellen der ersten Ableitung von f sind $x = 0$ oder $x = 2$, denn $f'(0) = 0$ und $f'(2) = 0$.

Da $f''(0) < 0$ ist die Funktion f' in einer beliebig kleinen Umgebung von $x = 0$ streng monoton fallend. Daraus folgt, daß die Ableitungsfunktion f' links von $x = 0$ positiv und rechts von $x = 0$ negativ ist. Somit ist die gegebene Funktion f links von $x = 0$ streng monoton wachsend und rechts von $x = 0$ streng monoton fallend. Somit besitzt f an der Stelle $x = 0$ ein lokales Maximum.
Da $f''(2) > 0$ ist die Funktion f' in einer beliebig kleinen Umgebung von $x = 2$ streng monoton wachsend. Somit ist f' links von $x = 2$ negativ und rechts von $x = 2$ positiv. Links von $x = 2$ ist die Funktion f also streng monoton fallend und rechts von $x = 2$ ist die Funktion f streng monoton wachsend. Die Funktion f besitzt somit an der Stelle $x = 2$ ein lokales Minimum.

b) $g(x) = x^3 - 3x^2 + 6x$ $\quad g'(x) = 3x^2 - 6x + 6$ $\quad g''(x) = 6x - 6$
$g''(x) = 0$ gdw. $x = 1$ $\quad g''(x) < 0$ gdw. $x < 1$ $\quad g''(x) > 0$ gdw. $1 < x$

Die Ableitungsfunktion g' besitzt an der Stelle $x = 1$ ein lokales Minimum. Links von $x = 1$ ist g' streng monoton fallend und rechts von $x = 1$ ist g' streng monoton wachsend. Die Funktion g hat an der Stelle $x = 1$ ihren kleinsten Anstieg. Nähert man sich der Stelle $x = 1$ von links, so werden die Anstiege von g stets kleiner. Entfernt man sich von der Stelle $x = 1$ nach rechts, so werden die Anstiege von g stets größer. Die Stelle $x = 1$ ist eine Wendestelle der Funktion g. Das Krümmungsverhalten der Funktion g ändert sich somit an der Stelle $x = 1$. Da die Ableitungsfunktion g' keine Nullstellen besitzt, gibt es keinen Punkt des Gaphen der Funktion g mit horizontaler Tangente.

c) $h(x) = x^3 - 3x^2 + 3x$ $\quad h'(x) = 3x^2 - 6x + 3$ $\quad h''(x) = 6x - 6$
$h''(x) = 0$ gdw. $x = 1$ $\quad h''(x) < 0$ gdw. $x < 1$ $\quad h''(x) > 0$ gdw. $1 < x$

Die Ableitungsfunktion h' hat an der Stelle $x = 1$ ein lokales Minimum. Links von $x = 1$ ist h' streng monoton fallend und rechts von $x = 1$ ist h' streng monoton wachsend. Aus $h'(1) = 0$ folgt, daß h' links von $x = 1$ und rechts von $x = 1$ positiv ist. Die Funktion h ist somit streng monoton wachsend. An der Stelle $x = 1$ besitzt h somit keine Extremstelle. Die Stelle $x = 1$ ist eine lokale Wendestelle mit horizontaler Wendetangente.

Die Ergebnisse des letzten Beispiels sollen nun verallgemeinert werden.

Hinreichende Bedingung für die Existenz eines lokalen Extremums

Für alle an der Stelle $a \in D$ zweimal differenzierbaren Funktionen
$f: x \to f(x), x \in D$ gilt:
Wenn $f'(a) = 0$ und $f''(a) > 0$, dann besitzt f an der Stelle a ein lokales Minimum.
Wenn $f'(a) = 0$ und $f''(a) < 0$, dann besitzt f an der Stelle a ein lokales Maximum.

Definition

Gegeben sei eine an der Stelle $a \in D$ zweimal differenzierbare Funktion f. Das geordnete Zahlenpaar (a, f(a)) heißt **Wendepunkt** der Funktion f genau dann, wenn die Ableitungsfunktion f' an der Stelle a ein lokales Extremum besitzt.

Hat eine Funktion f im Punkt (a/f(a)) einenWendepunkt, dann wird der Graph der Funktion f im Punkt (a/f(a)) von der Tangente durch diesen Punkt „durchsetzt". Es können zwei Fälle auftreten.

1. Fall: Für $x < a$ verläuft die Tangente unterhalb des Graphen von f und für $a < x$ verläuft die Tangente oberhalb des Graphen von f.

2. Fall: Für $x < a$ verläuft die Tangente oberhalb des Graphen von f und für $a < x$ verläuft die Tangente unterhalb des Graphen von f.

Notwendige Bedingung für die Existenz eines lokalen Wendepunktes

Für alle an der Stelle $a \in D$ zweimal differenzierbaren Funktionen f gilt:
Wenn die Funktion f an der Stelle a einen Wendepunkt besitzt, dann $f''(a) = 0$.

Wird ein Ursache-Wirkungs-Zusammenhang in einem Unternehmen durch ein zwei Mal differenzierbare Funktion dargestellt, die an der Stelle a einen Wendepunkt besitzt, dann kann daraus geschlußfolgert, daß die lokale Änderungsrate der Wirkung in Abhängigkeit von der Ursache bei einer Ursache von a ein lokales Maximum oder ein lokales Minimum besitzt.

Beispiel:
Gegeben ist die Funktion $f: x \rightarrow x^4 + 4x^3 + 4x^2$. Ermitteln Sie von f alle lokalen Extrempunkte, die Monotonieintervalle und alle lokalen Wendepunkte. Skizzieren Sie den Graph von f'', f' und f.

Lösung:

$$f(x) = x^4 + 4x^3 + 4x^2$$

$$f'(x) = 4x^3 + 12x^2 + 8x = 4x(x^2 + 3x + 2)$$

$$f''(x) = 12x^2 + 24x + 8 = 12(x^2 + 2x + \tfrac{2}{3}) = 12(x + 1)^2 + 4$$

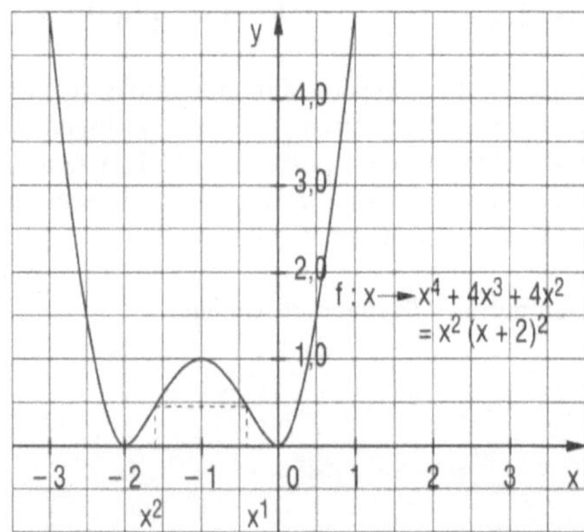

Abbildung 15: Der Graph einer Funktion vierten Grades

Untersuchung der notwendigen Bedingung für die Existenz lokaler Extrema:

$f'(x) = 0$ gdw. $x = 0$ oder $x = -1$ oder $x = -2$

Untersuchung einer hinreichenden Bedingung für die Existenz lokaler Extrema:

$f''(0) = 8 > 0$ $\quad f''(-1) = -4 < 0$ $\quad f''(-2) = 9 > 0$

Die Funktion f besitzt an der Stelle $x = -2$ ein lokales Minimum,
an der Stelle $x = -1$ ein lokales Maximum und
an der Stelle $x = 0$ ein lokales Minimum.

$f(-2) = 0$ lokales Minimum
$f(-1) = 1$ lokales Maximum
$f(0) = 0$ lokales Minimum

Bestimmung der Monotonieintervalle für f:

$x \in \,]-\infty, -2]$ f ist streng monoton fallend
$x \in [-2, -1]$ f ist streng monoton wachsend
$x \in [-1,0]$ f ist streng monoton fallend
$x \in [0, +\infty[$ f ist streng monoton wachsend

Untersuchung einer notwendigen Bedingung für die Existenz lokaler Wendepunkte:

$$f''(x) = 0 \text{ gdw. } x^2 + 2x + \tfrac{2}{3} = 0 \text{ gdw. } x_{1,2} = -1 \pm \sqrt{1-\tfrac{2}{3}} = -1 \pm \frac{1}{\sqrt{3}} = -1 \pm \frac{\sqrt{3}}{3}$$

Es muß untersucht werden, ob die Ableitungsfunktion f′ an den Stellen x_1 oder x_2 lokale Extremwertstellen besitzt. Der Graph der Funktion f″ ist eine nach oben geöffnete Parabel mit den Nullstellen $x_1 \approx 0{,}42$ und $x_2 \approx -1{,}58$.

Für $x < x_1$ ist $0 < f''(x)$, d. h. f′ ist streng monoton wachsend,
für $x_1 < x < x_2$ ist $f''(x) < 0$, d. h. f′ ist streng monoton fallend,
für $x_2 < x$ ist $0 < f''(x)$, d. h. f′ ist streng monoton wachsend.

Die Funktion f′ besitzt somit an der Stelle $x = x_1$ ein lokales Maximum und an der Stelle $x = x_2$ ein lokales Minimum.

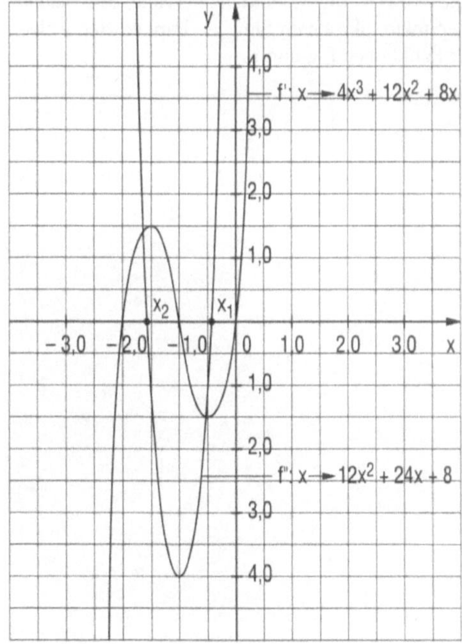

Abbildung 16: Die Graphen der Ableitungsfunktionen f′ und f″ einer Funktion vierten Grades

Somit besitzt die Funktion f Wendepunkte an den Stellen:

$x_1 = -1 + \frac{\sqrt{3}}{3} \approx -0{,}4226497$ und $x_2 = -1 - \frac{\sqrt{3}}{3} \approx -1{,}5773503$

$f(x_1) \approx 0{,}4444444$ $f(x_2) \approx 0{,}4444444$

Die Wendepunkte sind $W_1(x_1/f(x_1))$ und $W_2(x_2, f(x_2))$

Aufgaben zur Selbstüberprüfung:

7. In der Aufgabe 4 zur Selbstüberprüfung konnte die Funktion
   $V: x \rightarrow V(x) = (6 - 2x)(6 - 2x)x$ für $x \geq 0$
   genutzt werden, um das größtmögliche Volumen eines Kastens mit quadratischer Grundfläche zu ermitteln. Ermitteln Sie die lokalen Extrema der Funktion V mit Hilfe der Ableitungsfunktionen V' und V''. Untersuchen Sie, ob die Funktion V lokale Wendepunkte besitzt. Geben Sie diese gegebenenfalls an.

8. Gegeben sind die Funktionen

   a) $f: x \rightarrow -x^3 + 3x^2$

   b) $g: x \rightarrow -x^3 + 3x^2 - 6x$

   c) $h: x \rightarrow -x^3 + 3x^2 - 3x$

Bestimmen Sie von den Funktionen jeweils die Monotonieintervalle, die lokalen Extrema und die lokalen Wendepunkte. Skizzieren Sie die Graphen der Ableitungsfunktionen f', g', h' und der Funktionen f, g und h.

5. Ableitungsregeln

Lernziele:

> Sie können für einige Grundfunktionen die Ableitungsfunktionen mit Hilfe der zugehörigen Differenzenquotientenfunktion ermitteln. Durch Anwendung der Ableitungsregeln können Sie die Ableitungsfunktion für die Summe, das Produkt, den Quotienten und die Verkettung von Grundfunktionen bestimmen.

Ganzrationale Funktion

Sie wissen, daß die Funktionsgleichung einer ganzrationalen Funktion f vom Grade n und ihrer Ableitungsfunktion f' die folgende Form besitzen:

$$f(x) = a_n x^n + a_{n-1} x^{n-1} + \ldots + a_2 x^2 + a_1 x + a_0 \qquad (a_n \neq 0)$$

$$f'(x) = n * a_n x^{n-1} + (n-1) * a_{n-1} x^{n-2} + \ldots + 2 * a_2 x + a_1.$$

Wurzelfunktion

Die Funktionsgleichung der Wurzelfunktion und der zugehörigen Ableitungsfunktion haben die folgende Form (siehe Seite 19 und 20):

$$g(x) = \sqrt{x} \quad x \geq 0 \quad \text{und} \quad g'(x) = \frac{1}{2\sqrt{x}}$$

$$g(x) = x^{\frac{1}{2}} \quad x \geq 0 \quad \text{und} \quad g'(x) = \frac{1}{2} x^{-\frac{1}{2}}$$

Ableitungsfunktion

Da Wurzelfunktionen Potenzfunktionen mit rationalen Exponenten sind, haben die Ableitungsfunktionen die folgende Form:

$$g(x) = \sqrt[n]{x^m} = x^{\frac{m}{n}} \quad \text{und} \quad g'(x) = \frac{m}{n} x^{\frac{m}{n}-1} = \frac{m}{n} x^{\frac{m-n}{n}} = \frac{m}{n} \sqrt[n]{x^{m-n}}$$

Die erste Ableitung einer Potenzfunktion mit rationalem Exponenten berechnet man, indem man zunächst den Funktionsterm mit dem Exponenten m/n multipliziert und dann den Exponenten um 1 verringert.

Für die Funktion $h: x \to \frac{1}{x} \; (x \neq 0)$ gilt:

$$h(x) = \frac{1}{x} \quad \text{und} \quad h'(x) = -\frac{1}{x^2}$$ (siehe Seite 51)

Aus den Grundfunktionen f, g und h sollen nun neue Funktionen entwickelt werden, indem die Grundfunktionen addiert oder subtrahiert oder multipliziert oder dividiert werden. Neue Funktionen entstehen auch durch Verkettung der gegebenen Funktionen. Ohne Beweis sollen die Regeln angegeben werden, die es gestatten, die neuen Funktionen zu differenzieren.

Summenregel

Summenregel
Für alle an der Stelle a differenzierbaren Funktionen f und g gilt: Die Summe (f + g) ist an der Stelle a differenzierbar und $(f+g)'(a) = f'(a) + g'(a)$
Für alle differenzierbaren Funktionen f und g gilt: Die Summe (f + g) ist differenzierbar und $(f+g)'(x) = f'(x) + g'(x)$

Formulierung

Die Ableitung einer Summe ist gleich der Summe der Ableitungen.

Beispiel:
Gegeben sind die Funktionen

$g: x \to g(x) = \sqrt{x}, \quad x \geq 0 \quad$ und $\quad h: x \to h(x) = \frac{1}{x}, \quad x \neq 0$

Bilden Sie

a) die erste Ableitung der Funktion g + h an einer beliebigen Stelle a ihrer Definitionsmenge,

b) die erste Ableitung der Funktion g + h an der Stelle a = 4,

c) die Ableitungsfunktion (g + h)'. Geben Sie die Definitionsmenge $D_{(g+h)'}$ an.

Lösung: $g + h: x \to (g + h)(x) = \sqrt{x} + \frac{1}{x}$

$g'(x) = \frac{1}{2\sqrt{x}}, \quad x > 0 \qquad h'(x) = -\frac{1}{x^2}, \quad x \neq 0$

a) $(g + h)'(a) = \frac{1}{2\sqrt{a}} - \frac{1}{a^2}$ für $a > 0$

b) $(g + h)'(4) = \frac{1}{4} - \frac{1}{16} = \frac{3}{16}$

c) $(g + h)': x \to (g + h)'(x) = \frac{1}{2\sqrt{x}} - \frac{1}{x^2} \qquad D_{(g+h)'} =]0, +\infty[$

Produktregel

Produktregel

Für alle an der Stelle a differenzierbaren Funktionen f und g gilt:
Das Produkt f * g ist an der Stelle a differenzierbar und

$(f * g)'(a) \quad = \quad f'(a) * g(a) \quad + \quad f(a) * g'(a)$

Für alle differenzierbaren Funktionen f und g gilt:
Das Produkt f * g ist differenzierbar und

$(f * g)'(x) \quad = \quad f'(x) * g(x) \quad + \quad f(x) * g'(x)$

Formulierung

Ein Produkt wird folgendermaßen abgeleitet:
(Ableitung des ersten Faktors mal zweiter Faktor) plus (erster Faktor mal Ableitung des zweiten Faktors)

Beispiel:
Gegeben sind die Funktionen

$g: x \to g(x) = \sqrt{x}, \quad x \geq 0 \quad$ und $\quad h: x \to h(x) = \frac{1}{x}, \quad x \neq 0$

Bilden Sie

a) die erste Ableitung der Funktion g * h an einer beliebigen Stelle a ihrer Definitionsmenge,

b) die erste Ableitung der Funktion g * h an der Stelle a = 4,

c) die Ableitungsfunktion (g * h)'. Geben Sie die Definitionsmenge $D_{(g*h)'}$ an.

Lösung: $g * h: x \to g(x) * h(x) = \sqrt{x} * \frac{1}{x}$ für $x > 0$

$g'(x) = \frac{1}{2\sqrt{x}}, \quad x > 0 \qquad h'(x) = -\frac{1}{x^2}, \quad x \neq 0$

a) $(g * h)'(a) = \frac{1}{2\sqrt{a}} * \frac{1}{a} + \sqrt{a} * \left(-\frac{1}{a^2}\right)$ für $a > 0$

b) $(g * h)'(4) = \frac{1}{16} - \frac{1}{8} = -\frac{1}{16}$

c) $(g * h)': x \to (g * h)'(x) = \frac{1}{2\sqrt{x}} * \frac{1}{x} + \sqrt{x}\left(-\frac{1}{x^2}\right) \quad D_{(g*h)'} =]0, +\infty[$

Produktregel für konstante Faktoren

Produktregel für konstante Faktoren

Für alle an der Stelle a differenzierbaren Funktionen f und für alle konstanten Faktoren $c \in IR$ gilt:

Die Funktion $c * f$ ist an der Stelle a differenzierbar und

$(c * f)'(a) = c * f'(a)$

Für alle differenzierbaren Funktionen f und alle $c \in IR$ gilt:
Die Funktion $c * f$ ist differenzierbar und

$(c * f)'(x) = c * f'(x)$

Formulierung

Ein konstanter Faktor bleibt beim Differenzieren unverändert.

Beispiel:
Gegeben sind die Funktionen

$g: x \to g(x) = \sqrt{x}, \quad x \geq 0$ und $h: x \to h(x) = \frac{1}{x}, \quad x \neq 0$

Ermitteln Sie die Gleichungen der Ableitungsfunktionen von $g_1 = 123 * g$ und $h_1 = -987 * h$.

Lösung:

$g_1(x) = 123 * g(x) = 123 * \sqrt{x}, \quad x \geq 0 \qquad g'_1(x) = \frac{123}{2\sqrt{x}}, \quad x > 0$

$h(x) = -987 * \frac{1}{x}, \quad x \neq 0 \qquad h'(x) = -987 * \left(-\frac{1}{x^2}\right) = 987 * \frac{1}{x^2}, \quad x \neq 0$

Quotientenregel

Quotientenregel

Für alle an der Stelle a differenzierbaren Funktionen f und g, für die a zur Definitionsmenge der Funktion f/g gehört, gilt:

Die Funktion f/g ist an der Stelle a differenzierbar und

$\left(\frac{f}{g}\right)'(a) = \frac{f'(a) * g(a) - f(a) * g'(a)}{g^2(a)}$ für $a \in D_{\frac{f}{g}}$

Für alle differenzierbaren Funktionen f und g, für die x zur Definitionsmenge der Funktion f/g gehört, gilt:

Die Funktion f/g ist differenzierbar und

$$\left(\frac{f}{g}\right)'(x) = \frac{f'(x) * g(x) - f(x) * g'(x)}{g^2(x)} \quad \text{für } x \in D_{\frac{f}{g}}$$

Formulierung

Der Quotient zweier Funktionen wird folgendermaßen differenziert: [(Ableitung des Zählers mal Nenner) minus (Zähler mal Ableitung des Nenners)] geteilt durch Nenner zum Quadrat.

Beispiel:
Gegeben sind die Funktionen

$$g: x \to g(x) = \sqrt{x}, \quad x \geq 0 \qquad \text{und} \qquad h: x \to h(x) = \frac{1}{x}, \quad x \neq 0$$

Bilden Sie
a) die erste Ableitung der Funktion g/h an einer beliebigen Stelle a ihrer Definitionsmenge,
b) die erste Ableitung der Funktion g/h an der Stelle a = 4,
c) die Ableitungsfunktion (g/h)'. Geben Sie die Definitionsmenge $D_{(g/h)'}$ an.

Lösung: $\frac{g}{h}: x \to \frac{g}{h}(x) = \frac{\sqrt{x}}{\frac{1}{x}}$ für x > 0

$$g'(x) = \frac{1}{2\sqrt{x}}, \quad x > 0 \qquad h'(x) = -\frac{1}{x^2}, \quad x \neq 0$$

a) $$\left(\frac{g}{h}\right)'(a) = \frac{\frac{1}{2\sqrt{a}} * \frac{1}{a} - \sqrt{a} * \left(-\frac{1}{a^2}\right)}{\left(\frac{1}{a}\right)^2} = \frac{a}{2\sqrt{a}} + \sqrt{a} \qquad \text{für } a > 0$$

b) $$\left(\frac{g}{h}\right)'(4) = 1 + 2 = 3$$

c) $$\left(\frac{g}{h}\right)': x \to \left(\frac{g}{h}\right)'(x) = \frac{x}{2\sqrt{x}} + \sqrt{x} \qquad D_{\left(\frac{g}{h}\right)'} =]0, +\infty[$$

Der folgenden Ableitungsregel liegt die Nacheinanderausführung zweier Funktionen zugrunde. Die Nacheinanderausführung oder Verkettung von Funktionen wird im Studientext „Funktionen" behandelt.

Kettenregel

Kettenregel

Für alle an der Stelle a differenzierbaren Funktionen f und für alle Funktionen g, die an der Stelle f(a) differenzierbar sind, gilt:

Die verkettete Funktion $g \circ f: x \rightarrow (g \circ f)(x) = g[f(x)]$ ist an der Stelle a differenzierbar und

$(g \circ f)'(a) = g'[f(a)] * f'(a)$.

Für alle differenzierbaren Funktionen f und für alle Funktionen g, die in einer Teilmenge der Wertemenge von f differenzierbar sind, gilt:

Die verkettete Funktion $g \circ f: x \rightarrow (g \circ f)(x) = g[f(x)]$ ist differenzierbar und

$(g \circ f)'(x) = g'[f(x)] * f'(x)$

Formulierung

Verkettete Funktionen werden abgeleitet, indem die Ableitung der äußeren Funktion mit der Ableitung der inneren Funktion multipliziert wird.

Beispiel:
Gegeben sind die Funktionen

$$g: x \rightarrow g(x) = \sqrt{x}, \quad x \geq 0 \qquad \text{und} \qquad h: x \rightarrow h(x) = \frac{1}{x}, \quad x \neq 0$$

Bilden Sie

a) die erste Ableitung der Funktion $g \circ h$ an einer beliebigen Stelle a ihrer Definitionsmenge,

b) die erste Ableitung der Funktion $g \circ h$ an der Stelle a = 4,

c) die Ableitungsfunktion $(g \circ h)'$. Geben Sie die Definitionsmenge $D_{(g \circ h)'}$ an.

Lösung: $g \circ h: x \rightarrow (g \circ h)(x) = g[h(x)] = \sqrt{\frac{1}{x}}$ für $x > 0$

$$g'(x) = \frac{1}{2\sqrt{x}} \quad \text{für } x > 0 \qquad h'(x) = -\frac{1}{x^2}$$

a) $g'[h(a)] * h'(a) = \frac{1}{2\sqrt{\frac{1}{a}}} * \left(-\frac{1}{a^2}\right) = -\frac{\sqrt{a}}{2a^2}$ für $a > 0$

b) $g'[h(4)] * h'(4) = -\frac{2}{2 * 16} = -\frac{1}{16}$

c) $(g \circ h)': x \rightarrow (g \circ h)'(x) = g'[h(x)] * h'(x) = -\frac{\sqrt{x}}{2x^2}$ $\quad D_{(g \circ h)'} =]0, +\infty[$

Aufgaben zur Selbstüberprüfung:

9. Gegeben sind die Funktionen

   $f: x \rightarrow f(x) = 4x^3 - 3x^2$ und $g: x \rightarrow g(x) = \sqrt{x}$

a) Geben Sie die Definitionsmengen D_f und D_g der Funktionen f und g an.

b) Geben Sie die Zuordnungsvorschriften der Funktionen
   $f + g,\ f - g,\ f * g,\ \frac{f}{g},\ 7 * f,\ g \circ f$
   und der zugehörigen Ableitungsfunktionen an. Geben Sie die Definitionsmengen der gebildeten Funktionen und ihrer Ableitungsfunktionen an.

6. Anwendungen der Differentialrechnung

Lernziele:

Ihre Kenntnisse über differenzierbare Funktionen, über lokale und globale Eigenschaften dieser Funktionen können Sie nutzen, um diese Funktionen auf Fragen der Betriebswirtschaftslehre anzuwenden. Aus gegebenen Kosten- und Erlösfunktionen können Sie Grenzkosten, Grenzerlöse und Grenzgewinne bei einer bestimmten Ausbringung eines Unternehmens berechnen und die Ergebnisse betriebswirtschaftlich interpretieren. Sie können einige Gesetzmäßigkeiten der Preistheorie ableiten.

6.1 Der Grenzsteuersatz

Einkommensteuerfunktionen

In Abschnitt 1 lernten Sie die Einkommensteuerfunktion S: x → S(x) kennen.

$$S(x) = \begin{cases} 0, & \text{für } 0 \le x \le 5\,616 \\ 0{,}19 * x - 1\,067, & \text{für } 5\,617 \le x \le 8\,153 \\ \left[151{,}94 * \frac{x - 8\,100}{10\,000} + 1\,900\right] * \frac{x - 8\,100}{10\,000} + 472, & \text{für } 8\,154 \le x \le 120\,041 \\ 0{,}53 * x - 22\,842, & \text{für } 120\,042 \le x \end{cases}$$

Das zu versteuernde Einkommen x und die Einkommensteuer werden in DM gemessen. Die Einkommensteuerfunktion S ist nur für nichtnegative reelle Zahlen definiert. Zu den reellen Zahlen aus den Intervallen]5616, 5617[und]8153, 8154[gibt es keine Funktionswerte. Die Einkommensteuerfunktion S ist in ihrer Definitionsmenge differenzierbar.

Grenzsteuerfunktion

Die Ableitungsfunktion S′: x → S′(x) hat die folgende Funktionsgleichung:

$$S'(x) = \begin{cases} 0; & \text{für } 0 \le x \le 5\,616 \\ 0{,}19; & \text{für } 5\,617 \le x \le 8\,153 \\ 2 * 151{,}94 * \frac{x - 8\,100}{(10\,000)^2} + \frac{1\,900}{10\,000} \approx 0{,}000003 * x + 0{,}1657; & \text{für } 8\,154 \le x \le 120\,041 \\ 0{,}53; & \text{für } 120\,042 \le x \end{cases}$$

Die Funktion S′: x → S′(x) wird als Grenzsteuerfunktion bezeichnet. In der folgenden Tabelle sind einige geordnete Zahlenpaare der Grenzsteuerfunktion S′ enthalten.

x	5 616	5 617	8 153	8 154	60 000	120 041	120 042
S′(x)	0	0,19	0,19	≈ 0,19	≈ 0,34	≈ 0,52	0,53

Es soll nun besprochen werden, welche praktische Bedeutung die geordneten Zahlenpaare (x, S′(x)) besitzen.

Grenzsteuersatz

Die erste Ableitung der Einkommensteuerfunktion an einer Stelle a der Definitionsmenge der Funktion ist folgendermaßen definiert:

$$S'(a) = \lim_{h \to 0} \frac{S(a+h) - S(a)}{h}$$

Für reelle Zahlen h, die in der Nähe von Null liegen, gilt:

$$S'(a) \approx \frac{S(a+h) - S(a)}{h}$$

S'(a) wird in der Praxis als Grenzsteuersatz bezeichnet. Die Einheit von S'(a) ist DM/DM.

Näherung

In der Praxis wird für h = 1 genutzt, so daß die folgende Näherung angewandt wird:

$$S'(a) \approx \frac{S(a+1) - S(a)}{1}$$

Diese Näherungsformel kann folgendermaßen interpretiert werden: Wenn ein Bürger ein zu versteuerndes Einkommen in Höhe a (in DM) bezieht, dann erhöht sich die Einkommensteuer um S'(a) bei einer Erhöhung des Einkommens um 1 (in DM).

Bezieht ein Bürger ein zu versteuerndes Einkommen in Höhe von 120 042,00 DM, dann erfolgt bei einer Erhöhung des zu versteuernden Einkommens um 1,00 DM eine Erhöhung der Einkommensteuer um 0,53 DM. Beträgt das zu versteuernde Einkommen 60 000,00 DM, dann bewirkt eine Erhöhung des Einkommens um 1,00 DM eine Erhöhung der Einkommensteuer um 0,34 DM.

6.2 Grenzkosten, Grenzerlöse und Grenzgewinne

In der Betriebswirtschaft nutzt man mathematische Methoden, um Aussagen über wirtschaftliche Prozesse ableiten zu können. Dazu ist es im allgemeinen notwendig, die Wirklichkeit stark zu vereinfachen. In diesem Abschnitt gehen wir davon aus, daß ein Unternehmen ein einziges Erzeugnis produziert. Durch Veränderungen der Produktionsmittel ist es möglich, die produzierten Erzeugniseinheiten zu variieren.

Ausbringung und Kapazitätsgrenze

Die Ausbringung, das heißt die mengenmäßige Größe der Produktion, wird durch eine nichtnegative reelle Zahl x bezogen auf eine Erzeugniseinheit (EE) gemessen. Innere und äußere Bedingungen des Unternehmens legen häufig eine Kapazitätsgrenze x_k fest. Somit kann die Ausbringung nur Werte eines Intervalls $[0, x_k]$ annehmen.

Variable und fixe Kosten

Die Kosten, die dem Unternehmen entstehen, sind im allgemeinen abhängig von der Ausbringung und werden variable Kosten genannt. Außer den variablen Kosten entstehen fixe Kosten, die unabhängig von der Ausbringung anfallen.

Auf Grund langjähriger Untersuchungen hat sich beispielsweise für ein Unternehmen die folgende Kostenfunktion K ergeben:

$$K: x \to K(x) = \frac{1}{120}x^4 - \frac{2}{15}x^3 + \frac{3}{5}x^2 + 2; \qquad \text{für } 0 \le x$$

Kostenfunktion

Die Ausbringung x wird in EE und die Kosten K(x) werden in DM gemessen.

Die zu der Funktion K gehörige Ableitungsfunktion K' hat die folgende Zuordnungsvorschrift:

Grenzkostenfunktion

$$K': x \to K'(x) = \frac{1}{30}x^3 - \frac{2}{5}x^2 + \frac{6}{5}x; \qquad \text{für } 0 \leq x$$

K'(x) werden als Grenzkosten bei der Ausbringung x bezeichnet.

Geht man von der Näherung $K'(x) \approx \frac{K(x+1) - K(x)}{1}$ aus, so kann K'(x) folgendermaßen interpretiert werden:

Beträgt die Ausbringung x (in EE), dann entstehen bei einer Erhöhung der Ausbringung um 1 (in EE) zusätzliche Kosten in Höhe von K'(x) (in DM). Die Einheit von K'(x) ist DM/EE. Einige geordnete Zahlenpaare der Grenzkostenfunktion K' sind der folgenden Tabelle zu entnehmen:

x in EE	1	3	6	8
K'(x) in DM/EE	≈ 0,83	0,9	0	≈ 1,06

Beträgt in einem Unternehmen die Ausbringung 3 EE, dann fallen bei einer Erhöhung der Ausbringung um 1 in EE zusätzliche Kosten in Höhe von 0,90 DM an. Bei einer Ausbringung von 8 EE verursacht eine Erhöhung der Ausbringung um 1 EE zusätzliche Kosten in Höhe von ca. 1,06 DM.

Preisfunktion

Bei der Festlegung des Preises für eine Erzeugniseinheit gehen wir davon aus, daß ein Angebotsmonopol herrscht. Der Anbieter hat demzufolge durch seine Ausbringung einen Einfluß auf den Preis. Bei steigender Ausbringung soll der Preis streng monoton fallen.

Die Preisfunktion p soll die folgende Zuordnungsvorschrift besitzen:

$p: x \to p(x) = -0{,}4x + 4$ für $0 \leq x \leq 10$ (x in EE und p(x) in DM/EE).

Der Preis bezieht sich stets auf eine Erzeugniseinheit. In den weiteren Überlegungen gehen wir davon aus, daß Angebot und Nachfrage stets übereinstimmen.

Erlösfunktion

Aus der Preisfunktion ergibt sich demzufolge die folgende Erlösfunktion E:

$E: x \to E(x) = p(x) * x = -0{,}4\, x^2 + 4x$ für $0 \leq x \leq 10$ (x in EE und E(x) in DM).

Grenzerlösfunktion

Die Ableitungsfunktion E' der Erlösfunktion wird als Grenzerlösfunktion bezeichnet. Für E' gilt die folgende Zuordnungsvorschrift:

$E': x \to E'(x) = -0{,}8x + 4$ für $0 \leq x \leq 10$

Aus der Näherung $E'(a) \approx \frac{E(a+1) - E(a)}{1}$ läßt sich die folgende Interpretation des Grenzerlöses E'(a) ableiten:

Werden a (EE) eines Erzeugnisses angeboten und abgesetzt, so erfolgt bei einer Erhöhung des Angebotes um 1(EE) eine Erhöhung (bzw. Verringerung) des Erlöses um E'(a) (in DM). Die Grenzkosten E'(a) haben somit die Einheit DM/EE.

Gewinnfunktion

Aus der Erlösfunktion E und der Kostenfunktion K eines Unternehmens ergibt sich die Gewinnfunktion G.

$G: x \to G(x) = E(x) - K(x) \qquad \text{für } x \geq 0.$

Grenzgewinn-funktion

Die Ableitungsfunktion der Gewinnfunktion wird als Grenzgewinnfunktion bezeichnet.

$G': x \to G'(x) = E'(x) - K'(x) \qquad \text{für } x \geq 0.$

Aus der Näherung $G'(a) \approx \frac{G(a+1) - G(a)}{1}$ für $0 \leq a$ läßt sich die folgende Interpretation des Grenzgewinnes ableiten:

Werden a (EE) produziert und abgesetzt, dann erfolgt bei einer Erhöhung der produzierten und abgesetzen Erzeugniseinheiten um 1(EE) eine Erhöhung (Verringerung) des Gewinnes um G'(a) (in DM).

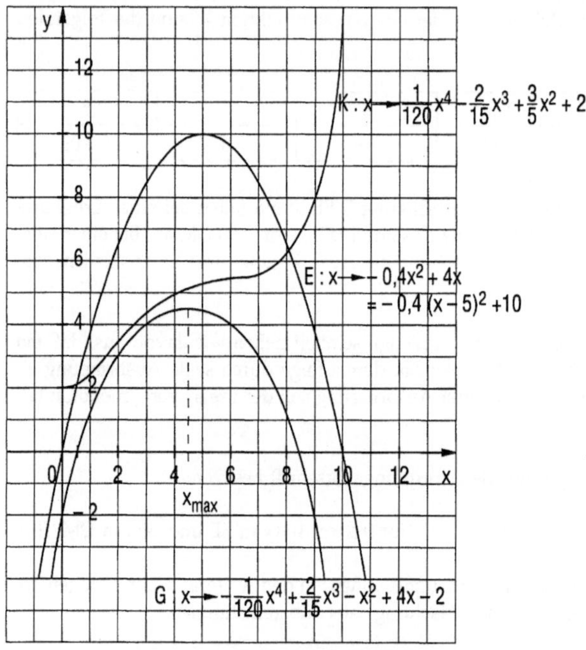

Abbildung 17: Erlös-, Kosten- und Gewinnfunktion

Für das spezielle Unternehmen lassen sich die folgenden Gewinn- bzw. Grenzgewinnfunktionen ableiten:

$$G: x \to G(x) = -0{,}4x^2 + 4x - \left[\left(\frac{1}{120}x^4 - \frac{2}{15}x^3 + \frac{3}{5}x^2 + 2\right) \qquad \text{für } 0 \leq x \leq 10$$

$$G: x \to G(x) = -\frac{1}{120}x^4 + \frac{2}{15}x^3 - x^2 + 4x - 2 \qquad \text{für } 0 \leq x \leq 10$$

$$G': x \to G'(x) = -\frac{1}{30}x^3 + \frac{2}{5}x^2 - 2x + 4 \qquad \text{für } 0 \leq x \leq 10$$

Werden a = 6 (in EE) produziert und abgesetzt, so läßt sich aus G'(6)= –0,80 (in DM/EE) schließen: Bei der Erhöhung der Produktion und des Absatzes auf 7 EE verringert sich der Gewinn um ca. 0,80 DM.

Werden a = 4 (in EE) produziert und abgesetzt, so läßt sich aus $G'(4) \approx 0{,}26$ (in DM/EE) ableiten: Bei der Erhöhung der Produktion und des Absatzes auf 5 EE erhöht sich der Gewinn um ca. 0,26 DM.

Aus der graphischen Darstellung der Gewinnfunktion G in Abbildung 17 ist ersichtlich, daß G an einer Stelle $x_{max} \in [4; 5]$ seinen größten Funktionswert besitzt.
Aus $0 < G'(4{,}6)$ und $G'(4{,}7) < 0$ kann abgeleitet werden, daß $x_{max} \in [4{,}6; 4{,}7]$.
Aus $0 < G'(4{,}64)$ und $G'(4{,}65) < 0$ ergibt sich, daß $x_{max} \in [4{,}64; 4{,}65]$.
Werden ca. 4,64 Erzeugniseinheiten produziert und abgesetzt, so bewirkt eine geringfügige Änderung der produzierten und abgesetzen Erzeugniseinheiten eine vernachlässigbare Änderung des Gewinnes.

6.3 Das Minimum der durchschnittlichen Kosten und der durchschnittlichen variablen Kosten

Variable Kosten

Aus der Kostenfunktion K läßt sich die Funktion der variablen Kosten K_{var} ableiten, indem der Fixkostenbestandteil unberücksichtigt bleibt. Somit ergibt sich für die Funktion der variablen Kosten die folgende Zuordnungsvorschrift:

$$K_{var}: x \to K_{var}(x) = K(x) - K(0)$$

Durchschnittliche Kosten

Die Funktion der durchschnittlichen Kosten k hat die folgende Zuordnungsvorschrift:

$$k: x \to k(x) = \frac{K(x)}{x} \qquad \text{für } 0 < x$$

Die Gesamtkosten werden durch die Ausbringung x dividiert, um die Kosten pro eine Einheit Ausbringung zu ermitteln.

Durchschnittliche variable Kosten

Für die Funktion der variablen Kosten läßt sich die zugehörige Funktion k_{var} der durchschnittlichen variablen Kosten entwickeln. Werden die Fixkosten nicht berücksichtigt, so können die variablen Kosten, die pro eine Einheit Ausbringung hervorgerufen werden, berechnet werden.

$$k_{var}: x \to k_{var}(x) = \frac{K_{var}(x)}{x} = \frac{K(x) - K(0)}{x} \qquad \text{für } 0 < x$$

Für das obige Beispiel ergeben sich die folgenden Gleichungen für die Funktionen der variablen Kosten, der durchschnittlichen Kosten und der durchschnittlichen variablen Kosten:

$$K(x) = \frac{1}{120}x^4 - \frac{2}{15}x^3 + \frac{3}{5}x^2 + 2 \qquad \text{für } 0 \le x \le 10$$

$$K_{var}(x) = \frac{1}{120}x^4 - \frac{2}{15}x^3 + \frac{3}{5}x^2 \qquad \text{für } 0 \le x \le 10$$

$$k(x) = \frac{K(x)}{x} = \frac{1}{120}x^3 - \frac{2}{15}x^2 + \frac{3}{5}x + \frac{2}{x} \qquad \text{für } 1 \le x \le 10$$

$$k_{var}(x) = \frac{K_{var}(x)}{x} = \frac{1}{120}x^3 - \frac{2}{15}x^2 + \frac{3}{5}x \qquad \text{für } 1 \le x \le 10$$

Die Graphen der Funktion der durchschnittlichen Kosten und der Funktion der durchschnittlichen variablen Kosten sind in Abbildung 18 dargestellt.

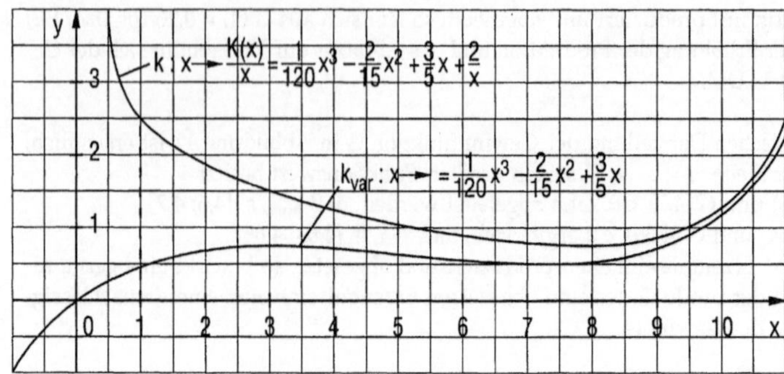

Abbildung 18: Eine Funktion der durchschnittlichen Kosten k und eine Funktion der durchschnittlichen variablen Kosten k_{var}

Kurzfristige Preisuntergrenze

In der Preistheorie wird das Minimum der durchschnittlichen variablen Kosten als **kurzfristige Preisuntergrenze** bezeichnet. Diese kurzfristige Preisuntergrenze soll nun bestimmt werden.

Das Minimum der durchschnittlichen variablen Kosten wollen wir mit Hilfe der ersten und zweiten Ableitung der Funktion k_{var} bestimmen.

$$k'_{var}(x) = \frac{1}{40}x^2 - \frac{4}{15}x + \frac{3}{5}$$

$$k'_{var}(x) = 0 \quad \text{genau dann, wenn} \quad x^2 - \frac{160}{15}x + \frac{120}{5} = 0$$

$$k'_{var}(x) = 0 \quad \text{genau dann, wenn} \quad x = \frac{16}{3} + \frac{\sqrt{40}}{3} \approx 7{,}44 \quad \text{oder} \quad x = \frac{16}{3} + \frac{\sqrt{40}}{3} \approx 3{,}22$$

$$k''_{var}(x) = \frac{1}{20}x - \frac{4}{15} \qquad k''_{var}\left(\frac{16}{3} + \frac{\sqrt{40}}{3}\right) > 0$$

Ein lokales Minimum der durchschnittlichen variablen Kosten liegt bei einer Ausbringung von $x \approx 7{,}44$ (in EE). Dieses lokale Minimum ist aber nicht identisch mit dem globalen Minimum der durchschnittlichen variablen Kosten bei einer Ausbringung $1 \le x \le 10$. Das globale Minimum der Funktion der durchschnittlichen variablen Kosten liegt bei einer Ausbringung von $x_{min} = 1$(in EE), denn $k_{var}(1) \approx 0{,}47$ (in DM/EE) und $k_{var}(7{,}44) \approx 0{,}51$ (in DM/EE). Die kurzfristige Preisuntergrenze beträgt somit 0,47 DM/EE.

Langfristige Preisuntergrenze

Das Minimum der Funktion der durchschnittlichen Kosten wird in der Preistheorie als langfristige Preisuntergrenze bezeichnet. Die Funktion der durchschnittlichen Kosten k besitzt bei einer Ausbringung $x \in (7{,}7; 7{,}8)$ ihr globales Minimum, denn $k'(7{,}7) < 0$ und $k'(7{,}8) > 0$. Bei einer Ausbringung zwischen 7,73 (EE) und 7,74 (EE) liegt die langfristige Preisuntergrenze, da $k'(7{,}73) < 0$ und $k'(7{,}74) > 0$.

Aufgaben zur Selbstüberprüfung:

10. In einem Unternehmen wird ein bestimmtes Erzeugnis produziert. In Abhängigkeit von den hergestellten Erzeugniseinheiten entstehen Kosten. Untersuchungen haben ergeben, daß für die Kostenfunktion K die folgende Zuordnungsvorschrift erfüllt ist:

    $K: x \rightarrow K(x) = \frac{1}{6}x^3 - \frac{9}{2}x^2 + \frac{81}{2}x + 50 \quad \text{für } x \geq 0 \quad x \text{ in EE und } K(x) \text{ in DM}$

    a) Ermitteln Sie die Zuordnungsvorschrift der Grenzkostenfunktion.

    b) Berechnen Sie die Grenzkosten bei einer Ausbringung von a = 9 (in EE) und a = 14 (in EE). Geben Sie eine betriebswirtschaftliche Interpretation der Ergebnisse.

    c) Ermitteln Sie die zu der Funktion K gehörige Funktion der durchschnittlichen Kosten und die Funktion der durchschnittlichen variablen Kosten.

    d) Berechnen Sie die langfristige Preisuntergrenze und die kurzfristige Preisuntergrenze.

11. Das Unternehmen legte für eine Erzeugniseinheit einen konstanten Preis p = 17 DM/EE fest. Bei diesem Preis herrscht ein Gleichgewicht von Angebot und Nachfrage.

    a) Ermitteln Sie die Zuordnungsvorschrift der Erlösfunktion.

    b) Ermitteln Sie die Zuordnungsvorschrift der Gewinnfunktion.

    c) Welche Vorgaben müssen für den Produktionsausstoß festgelegt werden, damit ein Gewinn (Genauigkeitsforderung: 0,1) entsteht ?

    d) Bei welcher Ausbringung ist der Gewinn maximal?

    e) Bestimmen Sie das Monotonieverhalten der Kostenfunktion K. Untersuchen Sie die Kostenfunktion K und die Gewinnfunktion G auf die Existenz von Wendepunkten. Geben Sie diese gegebenenfalls an.

    f) Skizzieren Sie die Graphen der Kosten-, der Erlös- und der Gewinnfunktion.

Lösungen der Aufgaben zur Selbstüberprüfung

1. $\bar{v}_{[0;1,5]} = \frac{s(1,5) - s(0)}{1,5 - 0} \approx \frac{1}{1,5} \approx 0,667 \left(\text{in } \frac{\text{km}}{\text{min}}\right) \qquad \bar{v}_{[0;1,5]} \approx 40 \left(\text{in } \frac{\text{km}}{\text{h}}\right)$

   Die Momentangeschwindigkeit im Zeitpunkt t = 0,5 (in min) kann näherungsweise aus dem im Punkt X (Abbildung 2) gezeichneten Steigungsdreieck ermittelt werden.

   $v(0,5) \approx \frac{0,8}{1,5} \approx 0,5 \left(\text{in } \frac{\text{km}}{\text{min}}\right) \qquad v(0,5) \approx 32 \left(\text{in } \frac{\text{km}}{\text{h}}\right)$

   Den exakten Wert für die Momentangeschwindigkeit werden wir in einem späteren Abschnitt berechnen.

2. a) $\bar{s}_{[6\,000,\,7\,000]} = \frac{S(7\,000) - S(6\,000)}{7\,000 - 6\,000} = \frac{0,19 * 7\,000 - 1\,067 - (0,19 * 6\,000 - 1\,067)}{1\,000} = 0,19$

   Bei einem Einkommen zwischen 6 000 DM und 7 000 DM bewirkt eine Einkommenserhöhung um 1 DM eine Einkommensteuererhöhung um 0,19 DM. Die Einkommensteuererhöhung beträgt somit 19 % der Einkommenserhöhung.

   $\bar{s}_{[10\,000,\,15\,000]} = \frac{S(15\,000) - S(10\,000)}{15\,000 - 10\,000} = \frac{1\,855,34 - 838,48}{5\,000} = 0,20$

   Bei einem Einkommen zwischen 10 000 DM und 15 000 DM beträgt die Einkommensteuererhöhung im Durchschnitt 20 % der Einkommenserhöhung.

   b) Um den Grenzsteuersatz bei einem Einkommen von 20 000 DM näherungweise aus dem Graph der Einkommensteuerfunktion zu ermitteln, muß im Punkt X(20 000/S(20 000)) ein Steigungsdreieck gezeichnet werden, dessen Hypotenuse den Graph im Punkt X berührt. Für die lokale Steigung des Graphen im Punkt X, also den Grenzsteuersatz, gilt somit:

   $s(20\,000) \approx \frac{2\,500}{10\,000} \approx 0,25$

   Den exakten Wert für den Grenzsteuersatz werden wir in einem späteren Abschnitt berechnen. Bei einem zu versteuernden Einkommen von 20 000 DM bewirkt eine Einkommenserhöhung von 100 DM eine Steuererhöhung von ungefähr 25 DM. Die Steuererhöhung beträgt rund 25 % der Einkommenserhöhung.

3. x: Seitenlänge der auszuschneidenden Quadrate.
   Die Gleichung für das Volumen des oben offenen Kastens lautet:

   $V(x) = (6 - 2x)(6 - 2x)x.$

   Da jedem $x \geq 0$ genau ein Volumen zugeordnet wird, kann die Funktion betrachtet werden:

   $V: x \rightarrow V(x) = (6 - 2x)(6 - 2x)x = 4x^3 - 24x^2 + 36x \qquad \text{mit } x \geq 0$

   Gesucht wird die Stelle $x_{max} \geq 0$, für die $V(x_{max})$ der größte Funktionswert von V ist.

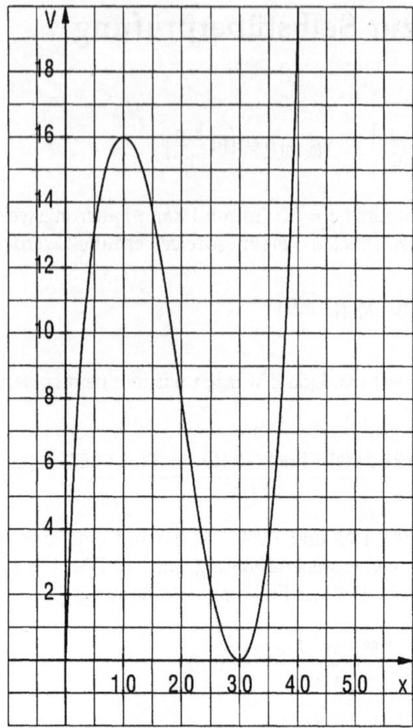

Um die Stelle zu finden, an der V den größten Funktionswert besitzt, werden die durchschnittlichen Steigungen des Graphen von V in einer beliebig kleinen Umgebung $[x_{max}, x_{max} + h]$ untersucht. Ist $h < 0$, dann muß die durchschnittliche Steigung des Graphen von V positiv sein. Für $0 < h$ muß die durchschnittliche Steigung des Graphen von V negativ sein.

$$m[x_{max}, x_{max} + h] = \frac{V(x_{max} + h) - V(x_{max})}{h} \qquad \text{für } h \neq 0$$

$$m[x_{max}, x_{max} + h] = \frac{4(x_{max} + h)^3 - 24(x_{max} + h)^2 + 36(x_{max} + h) - [4x^3_{max} - 24x^2_{max} + 36x_{max}]}{h}$$

$$m[x_{max}, x_{max} + h] = \frac{(12x^2_{max}h - 48x_{max}h + 36h) + 12x_{max}h^2 - 24h^2 + 4h^3}{h} \qquad \text{für } h \neq 0$$

$$m[x_{max}, x_{max} + h] = (12x^2_{max} - 48x_{max} + 36) + (12x_{max}h - 24h + 4h^2) \qquad \text{für } h \neq 0$$

Wenn h in der Nähe von Null liegt, dann geht die durchschnittliche Steigung der Funktion V im Intervall $[x_{max}, x_{max} + h]$ näherungsweise gegen die lokale Steigung von V an der Stelle x_{max}.

Für $h = 0$ gilt:

$m(x_{max}) = 12x^2_{max} - 48x_{max} + 36$

$m(x_{max}) = 0$ genau dann, wenn $12x^2_{max} - 48x_{max} + 36 = 0$ bzw. $x^2_{max} - 4x_{max} + 3 = 0$.

Mit Hilfe der Lösungsformel für quadratische Gleichungen können die Lösungen errechnet werden:

$x_{max} = 3$ oder $x_{max} = 1$

Da für x = 3 aus dem quadratischen Stück Pappe mit der Seitenlänge 6 cm kein Kasten herstellbar ist, muß die Lösung des praktischen Problems $x_{max} = 1$ sein. Es ist noch zu prüfen, ob der Funktionswert V(1) tatsächlich der größtmögliche ist.

Für die durchschnittlichen Steigungen des Graphen der Funktion V im Intervall [1,1 + h] gilt:

$m_{[1,1+h]} = 0 + (12h + 4h^2 - 24h) = 4h(h - 12)$ für $h \neq 0$

Für h in der Nähe von 0 ist der Faktor $(h - 12) < 0$. Somit gilt:

Wenn $h < 0$, dann $m_{[1,1+h]} > 0$ und wenn $0 < h$, dann $m_{[1,1+h]} < 0$.

$x_{max} = 1$ ist demzufolge die Stelle, für die der Funktionswert V(1) = 16 maximal ist.

4. a)

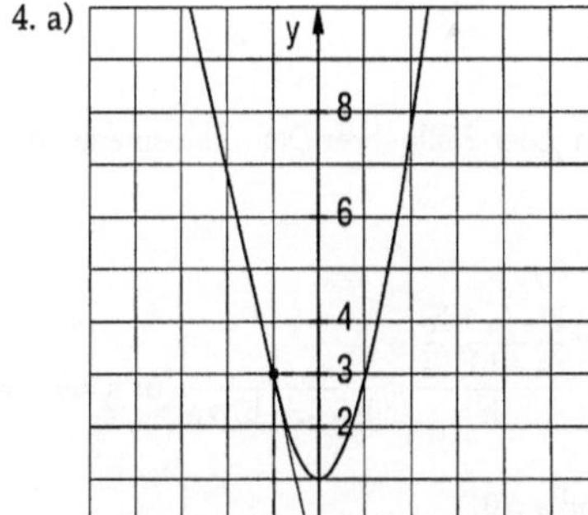

b) 1. Fall: $a < -1$ $\quad d_a: h \rightarrow d_a(h) = -4$ für $h \neq 0$

2. Fall: $-1 < a$ $\quad d_a: h \rightarrow d_a(h) = 4a + 2h$ für $h \neq 0$

3. Fall: $a = -1$ $\quad d_{-1}: h \rightarrow d_{-1}(h) = \begin{cases} -4 & \text{für } h < 0 \\ -4 + 2h & \text{für } 0 < h \end{cases}$

c) 1. Fall: $a = -2 < -1$ $\quad d_{-2}(h) = -4$ für $h \neq 0$

Die Funktion ist an der Stelle a = –2 differenzierbar, da der Grenzwert der Differenzenquotientenfunktion für $h \rightarrow 0$ existiert.

$f'(-2) = -4$

3. Fall: $a = -1$

Die Funktion ist an der Stelle a= –1 ebenfalls differenzierbar, da der Grenzwert der Differenzenquotientenfunktion für $h \rightarrow 0$ existiert. Der Graph der Funktion f besitzt an der Stelle a = –1 keinen „Knick".

$f'(1) = -4$

2. Fall: $-1 < 3 = a$ $\quad d_3(h) = 12 + 2h$ für $h \neq 0$

Die Funktion ist an der Stelle a = 3 differenzierbar, da der Grenzwert der Differenzenquotientenfunktion d_3 für $h \rightarrow 0$ existiert.

$f'(3) = 12$

d)

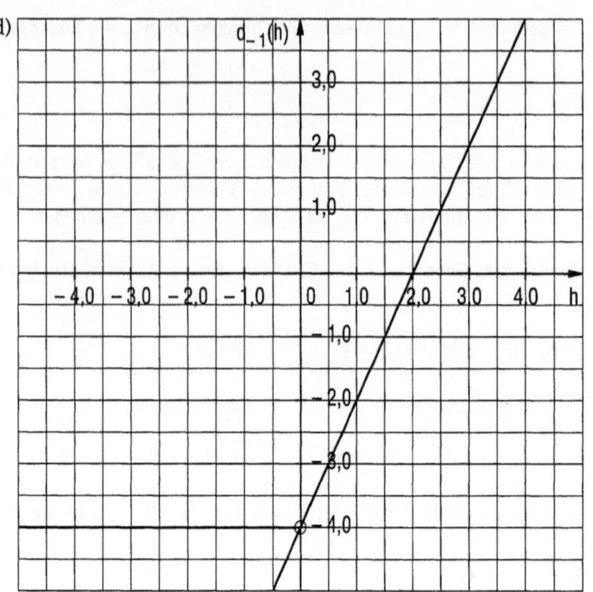

e) Die Funktion f ist differenzierbar, da sie an jeder Stelle ihrer Definitionsmenge differenzierbar ist.

5. a) D = IR \ {0}

b)

$$d_a\colon h \to d_a(h) = \frac{f(a+h) - f(a)}{h} = \frac{\frac{1}{a+h} - \frac{1}{a}}{h} = \frac{\frac{a-(a+h)}{(a+h)*a}}{h} = \frac{-h}{h*(a+h)*a} \quad \text{für } h \neq 0, a \neq 0$$

$$d_a\colon h \to d_a(h) = -\frac{1}{(a+h)*a} \qquad \text{für } h \neq 0 \text{ und } a \neq 0$$

c) Die Funktion f kann an der Stelle a = 0 nicht differenzierbar sein, da f an der Stelle a = 0 nicht definiert ist.

d) Die Funktion f ist an jeder Stelle a ≠ 0 differenzierbar, da der Graph der Funktion d_a in einer beliebig kleinen Umgebung der Stelle h = 0 eine durchgehende Linie ist.

6. a) $f'(a) = -\frac{1}{a^2}$ für $a \neq 0$

$f'\colon x \to f'(x) = -\frac{1}{x^2}$ für $x \neq 0$

b) $t_a\colon x \to t_a(x) = -\frac{1}{a^2} * x + \frac{1}{a} + \frac{a}{a^2} = -\frac{1}{a^2} * x + \frac{2}{a}$ für $a \neq 0$

$t_1\colon x \to t_1(x) = -x + 2$

$t_{-1}\colon x \to t_{-1}(x) = -x - 2$

c)

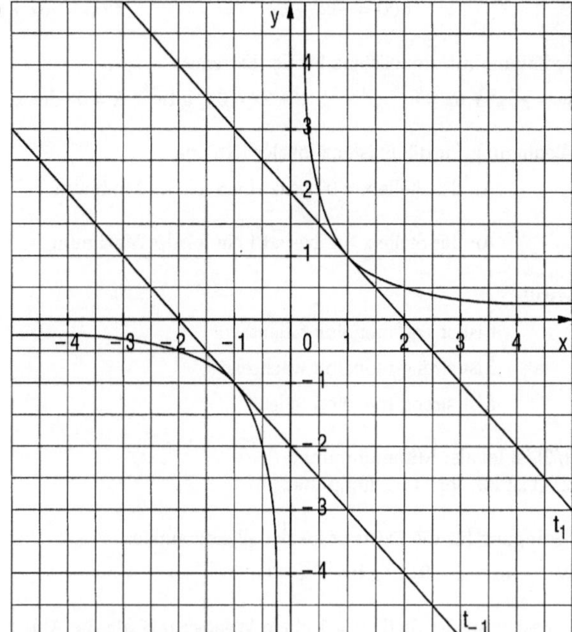

7. $V(x) = (6 - 2x)(6 - 2x)\,x = 4x^3 - 24x^2 + 36x$

$V'(x) = 12x^2 - 48x + 36$ $\qquad V''(x) = 24x - 48$

Notwendige Bedingung für die Existenz lokaler Extrema:

$V'(x) = 0$ gdw. $12x^2 - 48x + 36 = 0$ gdw. $x^2 - 4x + 3 = 0$ gdw. $x = 3$ oder $x = 1$.

Hinreichende Bedingung für die Existenz lokaler Extrema:

$V''(3) > 0$. An der Stelle $x = 3$ besitzt die Funktion ein lokales Minimum

$V''(1) < 0$. An der Stelle $x = 1$ besitzt die Funktion ein lokales Maximum.

Monotonieintervalle:

$x \in [0,1]$	Die Funktion V ist streng monoton wachsend.
$x \in [1,3]$	Die Funktion ist streng monoton fallend.
$x \in [3, \infty]$	Die Funktion ist streng monoton wachsend.

Lokale Extrempunkte:	P(1/16)	Lokaler Maximumpunkt
	Q(3/0)	Lokaler Minimumpunkt

Notwendige Bedingung für die Existenz lokaler Wendepunkte:

$V''(x) = 0$ gdw. $\quad 24x - 48 = 0 \quad x = 2$

Die Funktion V besitzt an der Stelle $x = 2$ einen lokalen Wendepunkt, da die Funktion V′ an der Stelle $x = 2$ einen lokalen Extremwert besitzt. Der Graph der Funktion V′ ist eine Parabel mit dem Scheitelpunkt S(2/–12). Der Scheitelpunkt läßt sich aus der Scheitelpunktform der Funktionsgleichung ablesen.

$V'(x) = 12x^2 - 48x + 36 = 12[x^2 - 4x + 3] = 12[(x - 2)^2 - 4 + 3] = 12(x - 2)^2 - 12$

Die Funktion V hat somit den Wendepunkt W(2/8).

8. a) $f(x) = -x^3 + 3x^2$ $\qquad f'(x) = -3x^2 + 6x$ $\qquad f''(x) = -6x + 6$

Notwendige Bedingung für die Existenz lokaler Extrema:

$f'(x) = 0$ gdw. $-3x^2 + 6x = 0$ gdw. $x^2 - 2x = 0$ gdw. $x = 0$ oder $x = 2$

Hinreichende Bedingung für die Existenz lokaler Extrema:

$f''(0) > 0$	An der Stelle $x = 0$ besitzt f ein lokales Minimum
$f''(2) < 0$	An der Stelle $x = 2$ besitzt f ein lokales Maximum

Monotonieintervalle:

$x \in]-\infty, 0]$	f ist streng monoton fallend
$x \in [0,2]$	f ist streng monoton wachsend
$x \in [2, +\infty[$	f ist streng monoton fallend

Der Punkt P(0/0) ist lokaler Minimumpunkt.
Der Punkt Q(2/4) ist lokaler Maximumpunkt.

Notwendige Bedingung für die Existenz lokaler Wendepunkte:

$f''(x) = 0$ gdw. $-6x + 6 = 0$ gdw. $x = 1$

Die Funktion f besitzt an der Stelle $x = 1$ einen Wendepunkt, da die Ableitungsfunktion $f': x \to f'(x) = -3x^2 + 6x = -3(x^2 - 2x) = -3(x - 1)^2 + 3$ an der Stelle $x = 1$ ein lokales Extremum besitzt.

Der Punkt W(1/2) ist Wendepunkt von f.

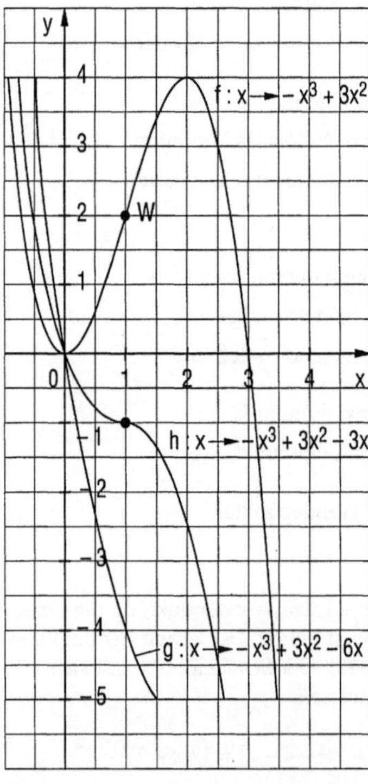

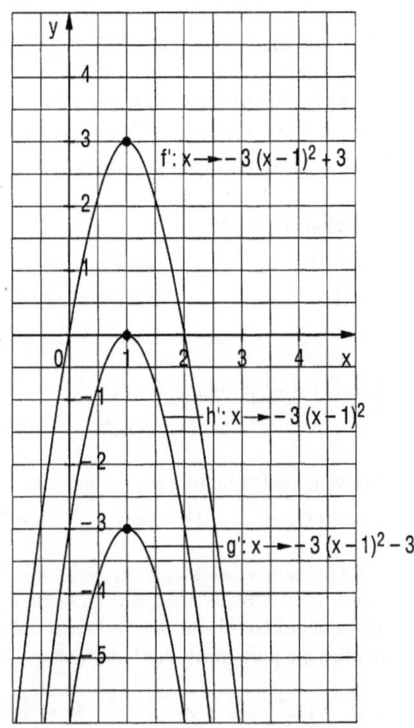

b) $g(x) = -x^3 + 3x^2 - 6x$ $\qquad g'(x) = -3x^2 + 6x - 6$ $\qquad g''(x) = -6x + 6$

Notwendige Bedingung für die Existenz lokaler Extremwerte:

$g'(x) = 0$ gdw. $-3x^2 + 6x - 6 = 0$ gdw. $x^2 - 2x + 2 = 0$

Es gibt keine reellen Zahlen, die die Gleichung $x^2 - 2x + 2 = 0$ in eine wahre Aussage überführen. Die Funktion f besitzt somit keine lokalen Extremwerte.

Die Ableitungsfunktion g′ gibt Auskunft über das Monotonieverhalten von g. Die Gleichung der Ableitungsfunktion g′ wird zunächst in die Scheitelpunktform überführt.

$g'(x) = -3x^2 + 6x - 6 = -3(x^2 - 2x + 2) = -3(x - 1)^2 - 3$

Der Graph der Funktion g′ ist eine nach unten geöffnete Parabel, die keine Schnittpunkte mit der x-Achse besitzt. Für alle $x \in$ IR gilt somit:

$g'(x) = -3(x - 1)^2 - 3 < 0.$

Die Funktion g ist im Intervall $]-\infty, +\infty[$ streng monoton fallend.

Notwendige Bedingung für die Existenz lokaler Wendepunkte:

$g''(x) = 0$ gdw. $-6x + 6 = 0$ gdw. $x = 1$

Die Funktion g besitzt an der Stelle $x = 1$ einen lokalen Wendepunkt, da die Ableitungsfunktion $g': x \rightarrow g'(x) = -3x^2 + 6x - 6 = -3(x - 1)^2 -3$ an der Stelle $x = 1$ einen lokalen Extremwert besitzt.

Die Funktion g hat den Wendepunkt W(1/–4)

c) $h(x) = -x^3 + 3x^2 - 3x$ $\qquad h'(x) = -3x^2 + 6x - 3$ $\qquad h''(x) = -6x + 6$

Notwendige Bedingung für die Existenz lokaler Extremwerte:

$h'(x) = 0$ gdw. $-3x^2 + 6x - 3 = 0$ gdw. $x^2 - 2x + 1 = 0$ gdw. $x= 1$

Hinreichende Bedingung für die Existenz lokaler Extremwerte: $h''(1) = 0$

Da der Graph der Ableitungsfunktion $h': x \rightarrow -3(x^2 - 2x + 1) = -3(x - 1)^2$ eine nach unten geöffnete Parabel mit dem Scheitelpunkt S(1/0) ist, gilt für alle $x \in$ IR:

$h'(x) = -3(x - 1)^2 \leq 0.$

Die Funktion h ist demzufolge in der Menge der reellen Zahlen streng monoton fallend. An der Stelle $x = 1$ besitzt die Funktion h keinen Extrempunkt, sondern einen Wendepunkt.

W(1/– 1) ist der Wendepunkt.

9. a) $D_f =$ IR und $D_g = [0, +\infty[$

b) $f + g: \quad x \rightarrow (f + g)(x) = 4x^3 - 3x^2 + \sqrt{x}$ $\qquad D_{f+g} = [0, +\infty[$

$(f + g)': x \rightarrow (f + g)'(x) = [4x^3 - 3x^2 + \sqrt{x}\,]' = 12x^2 - 6x + \frac{1}{2\sqrt{x}}$ $\qquad D_{(f+g)'} =]0, +\infty[$

$f - g: \quad x \rightarrow (f - g)(x) = 4x^3 - 3x^2 - \sqrt{x}$ $\qquad D_{f-g} = [0, +\infty[$

$(f - g)': x \rightarrow (f - g)'(x) = [4x^3 - 3x^2 - \sqrt{x}\,]' = 12x^2 - 6x - \frac{1}{2\sqrt{x}}$ $\qquad D_{(f-g)'} =]0, +\infty[$

$f * g: \quad x \rightarrow (f * g)(x) = [4x^3 - 3x^2] * \sqrt{x}$ $\qquad D_{f*g} = [0, +\infty[$

$(f * g)': x \rightarrow (f * g)'(x) = [(4x^3 - 3x^2) * \sqrt{x}\,]' = (12x^2 - 6x) * \sqrt{x} + (4x^3 - 3x^2) * \frac{1}{2\sqrt{x}}$

$D_{(f*g)'} =]0, +\infty[$

$\frac{f}{g}: x \to \left(\frac{f}{g}\right)(x) = \frac{4x^3 - 3x^2}{\sqrt{x}}$ $\qquad D_{\frac{f}{g}} =]0, +\infty[$

$\left(\frac{f}{g}\right)': x \to \left(\frac{f}{g}\right)'(x) = \frac{(12x^2 - 6x)\sqrt{x} - (4x^3 - 3x^2) * \frac{1}{2\sqrt{x}}}{x}$ $\qquad D_{\left(\frac{f}{g}\right)'} =]0, +\infty[$

$7 * f: x \to 7 * (4x^3 - 3x^2) = 28x^3 - 21x^2$ $\qquad D_{7*f} = \mathbb{R}$

$(7 * f)': x \to 7 * (4x^3 - 3x^2)' = 7 * (12x^2 - 6x) = 84x^2 - 42x$ $\qquad D_{(7*f)'} = \mathbb{R}$

$g \circ f: x \to (g \circ f)(x) = \sqrt{4x^3 - 3x^2}$ $\qquad D_{g \circ f} = \left\{x: \frac{3}{4} \leq x \leq \infty\right\}$

$(g \circ f)': x \to (g \circ f)'(x) = \frac{12x^2 - 6x}{2\sqrt{4x^3 - 3x^2}}$ $\qquad D_{(g \circ f)'} =]0,75; \infty[$

10. a) $K': x \to K'(x) = \frac{1}{2}x^2 - 9x + \frac{81}{2}$ $\qquad K'(x)$ in $\frac{DM}{EE}$

b) $K'(9) = 0$ $\qquad K'(14) = 12{,}5$ $\qquad K'(a) \approx \frac{K(a+1) - K(a)}{1}$

Beträgt die Ausbringung 9 EE, so erfolgt bei einer Erhöhung der Produktion um 1 EE näherungsweise keine Erhöhung der Kosten.

Bei einer Ausbringung von 14 EE bedeutet eine Erhöhung des Ausstoßes um 1 EE eine Kostenerhöhung um rund 12,50 DM.

c) $k: x \to k(x) = \frac{K(x)}{x} = \frac{1}{6}x^2 - \frac{9}{2}x + \frac{81}{2} + \frac{50}{x}$ $\qquad 1 \leq x$

$k_{var}: x \to k_{var}(x) = \frac{1}{6}x^2 - \frac{9}{2}x + \frac{81}{2}$ $\qquad 1 \leq x$

d) $k'(x) = \frac{1}{3}x - \frac{9}{2} - \frac{50}{x^2}$ $\qquad k'(x) = 0$ gdw. $\quad x^3 - 13{,}5 * x^2 - 50 = 0$

$k'(x) = 0$ gdw. $\quad 13{,}7 < x < 13{,}8$ $\quad$ Begründung: $k'(13{,}70 < 0$ und $k'(13{,}8) > 0$

Die langfristige Preisuntergrenze beträgt näherungsweise 13,77 DM, denn $k(13{,}75) \approx 13{,}77$.

$k'_{var}(x) = \frac{1}{3}x - \frac{9}{2}$ $\qquad k'_{var}(x) = 0$ gdw. $\quad x = \frac{27}{2} = 13{,}5$

Die kurzfristige Preisuntergrenze beträgt rund 10,12 DM, denn $k_{var}(13{,}50) \approx 10{,}12$.

11. a) $E: x \to E(x) = 17x$ $\qquad 0 \leq x$

b) $G: x \to G(x) = E(x) - K(x)$

$G(x) = 17x - \left(\frac{1}{6}x^3 - \frac{9}{2}x^2 + \frac{81}{2}x + 50\right) = -\frac{1}{6}x^3 + 4{,}5x^2 - 23{,}5x - 50$ $\qquad 0 \leq x$

c) $G(0) < 0$ und $G(10) < 0$ und $G(11) > 0$ und $G(18) > 0$ und $G(19) < 0$.

Die Gewinnfunktion hat im Intervall]10; 11[und im Intervall]18,19[jeweils eine Nullstelle.
Die Gewinnfunktion hat im Intervall]10,1; 10,2 [eine Nullstelle, denn $G(10{,}1) < 0$ und $G(10{,}2) > 0$.
Die Gewinnfunktion hat im Intervall]18,4; 18,5[eine Nullstelle, da $G(18{,}4) > 0$ und $G(18{,}5) < 0$.

Der Produktionsausstoß muß größer als 10,2 EE und kleiner als 18,4 sein, damit ein Gewinn entsteht. Die Angaben erfolgen mit einer Genauigkeit von einer Stelle nach dem Komma.

d) $G'(x) = -0{,}5x^2 + 9x - 23{,}5$

$G'(x) = 0$ genau dann, wenn $x^2 - 18x + 47 = 0$ gdw. $x \approx 14{,}8$ oder $x \approx 3{,}1$

$G''(x) = -x + 9 \qquad G''(14{,}8) < 0$

Bei einer Ausbringung von 14,8 EE erzielt das Unternehmen einen maximalen Gewinn. Der maximale Gewinn beträgt rund 47,58 DM.

e) $K'(x) = 0{,}5x^2 - 9x + 40{,}5$

$K'(x) = 0$ gdw. $x^2 - 18x + 81 = 0$ gdw. $(x - 9)^2 = 0$ gdw. $x = 9$

Die Kostenfunktion ist in ihrem gesamten Definitionsbereich streng monoton wachsend.

$K''(x) = x - 9 \qquad K''(x) = 0$ genau dann, wenn $x = 9$

Die Kostenfunktion besitzt an der Stelle $x = 9$ einen Wendepunkt mit horizontaler Wendetangente. Der Wendepunkt der Kostenfunktion besitzt die Koordinaten (9/171,5).

$G''(x) = -x + 9 \qquad G''(x) = 0$ genau dann, wenn $x = 9$

Die Gewinnfunktion besitzt an der Stelle $x = 9$ einen Wendepunkt mit den Koordinaten (9 /–18,5)

f)

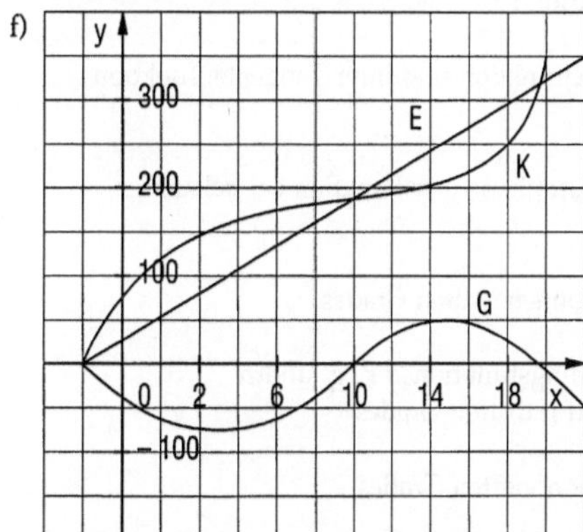

$E: x \rightarrow E(x) = 17x$

$K: x \rightarrow K(x) = \frac{1}{6}x^3 - \frac{9}{2}x^2 + \frac{81}{2}x + 50$

$G: x \rightarrow E(x) - K(x)$

Verzeichnis der Abbildungen

Stichwortverzeichnis